Os Estágios nos Cursos de Licenciatura

Dados Internacionais de Catalogação na Publicação (CIP)
(Câmara Brasileira do Livro, SP, Brasil)

Carvalho, Anna Maria Pessoa de
  Os estágios nos cursos de licenciatura / Anna Maria Pessoa de Carvalho. - São Paulo : Cengage Learning, 2022. - (Coleção ideias em ação)

  3. reimpr. da 1 ed. de 2013.
  Bibliografia.
  ISBN 978-85-221-1207-4

  1. Educação - Estudo e ensino (Estágios 2. Licenciatura 3. Prática de ensino 4. Professores - Formação profissional I. Título. II. Série.

12-00433   CDD-370.71

Índice para catálogo sistemático:

1. Estágios nos cursos de licenciatura : Educação
   370.71

Coleção Ideias em Ação

Os Estágios nos Cursos de Licenciatura

Anna Maria Pessoa de Carvalho

Austrália • Brasil • México • Cingapura • Reino Unido • Estados Unidos

Os Estágios nos Cursos de Licenciatura
Anna Maria Pessoa de Carvalho
Coordenadora da Coleção: Ana Maria Pessoa de Carvalho

Gerente editorial: Patricia La Rosa

Supervisora editorial: Noelma Brocaneli

Supervisora de produção editorial e gráfica: Fabiana Alencar Albuquerque

Editora de desenvolvimento: Viviane Akemi Uemura

Copidesque: Norma Gusukuma

Revisão: Agnes Souza Moreira e Cristiane Mayumi Morinaga

Diagramação: Triall Composição Editorial Ltda.

Capa: Ale Gustavo

© 2013 Cengage Learning Edições Ltda.

Todos os direitos reservados. Nenhuma parte deste livro poderá ser reproduzida, sejam quais forem os meios empregados, sem a permissão por escrito da Editora. Aos infratores aplicam-se as sanções previstas nos artigos 102, 104, 106, 107 da Lei n. 9.610, de 19 de fevereiro de 1998.

Esta editora empenhou-se em contatar os responsáveis pelos direitos autorais de todas as imagens e de outros materiais utilizados neste livro. Se porventura for constatada a omissão involuntária na identificação de algum deles, dispomo-nos a efetuar, futuramente, os possíveis acertos.

Para informações sobre nossos produtos, entre em contato pelo telefone **0800 11 19 39**

Para permissão de uso de material desta obra, envie seu pedido para **direitosautorais@cengage.com**

© 2013 Cengage Learning. Todos os direitos reservados.

ISBN-13: 978-85-221-1207-4
ISBN-10: 85-221-1207-X

Cengage Learning
Condomínio E-Business Park
Rua Werner Siemens, 111 – Prédio 11 – Torre A – Conjunto 12
Lapa de Baixo – CEP 05069-900 – São Paulo –SP
Tel.: (11) 3665-9900 – Fax: 3665-9901
SAC: 0800 11 19 39

Para suas soluções de curso e aprendizado, visite **www.cengage.com.br**

Impresso no Brasil
Printed in Brazil
3. reimpressão de 2022

Apresentação

O propósito dos estudos destes campos é nortear a observação, análise, execução e avaliação do ato docente e de suas repercussões ou não em aprendizagens, bem como orientar práticas de gestão de processos educativos escolares e não escolares, além da organização, funcionamento e avaliação de sistemas e de estabelecimentos de ensino (Parecer CNE/CP n. 05/2005, p. 6).

As novas legislações para a formação do professor para o ensino fundamental e médio vêm colocando uma atenção especial nas atividades de estágios supervisionados a serem realizados nas escolas da comunidade. Dos estágios anteriormente propostos, presos a uma única disciplina – Prática de Ensino – e colocados no final dos cursos de formação docente, ele passou a ter uma conotação central nesses cursos.

Essa centralidade se faz presente não só pelo número de horas agora exigidas – 400 horas –, mas também pela busca de uma proposta integradora entre teoria e prática na formação de um novo professor, apto a construir uma nova escola, para receber os alunos do século XXI.

Nas novas diretrizes curriculares para a formação do professor, a concepção de estágio é bastante semelhante aos ideais das aulas práticas ou de laboratório dos cursos profissionalizantes e/ou bacharelados, quando essas têm como objetivo explicitar os aspectos metodológicos e atitudinais da construção dos conteúdos. É nas aulas práticas ou de laboratório que a relação teoria-prática fica explícita, tendo um papel essencial na elaboração de cada etapa ou de cada disciplina da formação profissional. Não podemos conceber um médico que não tenha passado, em seu curso, pelas diversas enfermarias de um hospital, nem um físico que não tenha feito os laboratórios de ótica, eletricidade, mecânica etc. Assim, também temos de pensar um professor fazendo estágios nas escolas, em paralelo a todas as disciplinas pedagógicas e integradoras[1] de seu currículo.

Se a relação teoria-prática é importante na construção do conteúdo específico, essa mesma relação torna-se imprescindível quanto ao domínio dos saberes pedagógicos e integradores. Agora a prática se dá na escola, nos estágios dos cursos de graduação, nos quais os professores vão procurar estabelecer um vínculo bastante forte entre o saber e o saber fazer.

Os estágios, nessas novas propostas, devem perpassar assim todas as disciplinas pedagógicas e integradoras, não mais ficando somente sob a responsabilidade dos professores das práticas de ensino ou metodologias de ensino dos conteúdos específicos, apesar de esses profissionais ainda terem um papel importante a desempenhar na formação dos novos alunos/mestres, pois são os mais diretamente ligados ao ensino do conteúdo específico do qual o licenciando será um futuro professor.

As 400 horas de estágio devem ser planejadas de forma a criar condições para que todas as atividades desenvolvidas possam ser sistematizadas, discutidas e teorizadas. Um *plano de estágio* deve contribuir para que o futuro professor compreenda a escola, seu futuro local de trabalho, em toda a complexidade que ele, como aluno, não conhecia. Deve servir também como campo de observação dos processos de ensino e aprendizagem com a finalidade de subsidiar hipóteses, que depois podem ser discutidas em aulas teóricas, e de testes controla-

---

[1] Por disciplinas integradoras entendem-se as disciplinas dos cursos de licenciatura e pedagogia que têm relação ou são responsáveis pelo ensino de um conteúdo específico (Carvalho e Vianna, 1988).

dos de inovações pedagógicas. O plano de estágio deve ainda ajudar e complementar o ensino realizado nas escolas, na procura de entender, na prática, as funções que um professor desenvolve no seu estabelecimento. Todos os conceitos de "reflexão na ação" e "reflexão sobre a ação" (Schön, 1992; Zeichner, 1993; Longuini e Nardi, 2002) podem e devem ser estimulados durante os estágios.

Todo o trabalho nas escolas, seja de gestão ou de ensino, tem teorias explicativas que dão suporte tanto aos planejamentos das atividades desenvolvidas pelos gestores e professores quanto aos acontecimentos a serem observados e vivenciados pelos estagiários. Procurar essa relação teoria-prática é a função principal dos estágios, pois dará ao futuro professor condições para uma ruptura das visões simplistas sobre o ensino de seu conteúdo. Essa visão simplista vem de uma imagem espontânea do ensino, concebido como algo essencialmente simples, para o qual bastam um bom conhecimento da matéria a ser ensinada, algo de prática e alguns complementos psicopedagógicos (Carvalho e Gil-Perez, 2001; Daza-Pérez e Moreno-Cárdenas, 2010).

Precisamos criar professores reflexivos, mas essa reflexão não se faz sem a busca de referenciais teóricos, dentro dos trabalhos da área de ensino do conteúdo específico ou daqueles que relacionam os acontecimentos em sala de aula com o espaço escolar e a sociedade como um todo.

O ideal é que o estagiário faça um plano de estágio que envolva de uma forma integrada todas as atividades de estágio: o conhecimento da escola e sua gestão, o trabalho dos professores e suas participações de forma coletiva na escola, as relações de ensino e aprendizagem dos conteúdos específicos e as atividades de docência.

Buscando dar condições para o planejamento dos estágios, vamos especificar e problematizar cada tipo de estágio separadamente, sem que isso signifique que os trabalhos nas escolas devam ser organizados nessa ordem. Essa disposição objetiva somente um maior aprofundamento na relação teoria-prática visando a um maior aproveitamento dos estágios pelos estudantes e pelos professores que os recebem.

Dessa forma, este livro é dividido em seis partes.

Na primeira parte, denominada "Entendendo a escola: local de trabalho do professor", daremos as diretrizes necessárias para a observação da escola como um todo, de seu projeto político-pedagógico, da estrutura diretiva da escola e das condições de trabalho profissional que se desenvolvem no estabelecimento de ensino em que nossos alunos estarão estagiando.

Na segunda parte, apresentamos as principais atividades a serem desenvolvidas durante os "Estágios de observação". Estes devem dar condições para que os estagiários possam detectar e superar uma visão simplista dos problemas de ensino e aprendizagem que aparecem nas atividades docentes. A literatura tem mostrado que as concepções dos professores sobre ensino, sobre a forma como os alunos aprendem e, principalmente, sobre as concepções epistemológicas acerca da natureza do conteúdo a ser ensinado têm muita influência nas decisões sobre suas práticas docentes (Scheid et al., 2007). A necessidade de questionar essas concepções, junto aos futuros professores, tem se mostrado um fator bastante relevante na formação de docentes (Tabachnik e Zeichner, 1999; Hewson et al., 1999; Harres, 1999). Detectar essas relações fará os estagiários relacionarem com maior precisão suas próprias ideias sobre ensino, aprendizagem e epistemologia do conteúdo a ser ensinado com suas atitudes e comportamento em sala de aula.

É necessário problematizar as ações docentes para que as observações possam, a partir de referenciais teóricos, ser significativas para os futuros professores, levando-os a refletir sobre a relação tão complexa entre o ato de ensinar de um professor e a aprendizagem de seus alunos.

Na terceira parte deste livro, abordaremos os "Estágios de regência", para os quais temos por objetivo propor atividades de dois tipos: as regências coparticipativas e os minicursos. As atividades de regências coparticipativas têm por objetivo auxiliar tanto o professor que está recebendo o estagiário e a escola que abriu suas portas para o desenvolvimento de sua formação profissional como o próprio estagiário, dando-lhe a oportunidade de desenvolver habilidades importantes e necessárias para sua profissionalização. Elas vão desde o auxílio na organização de espaços didáticos, como o laboratório de ciências, até a substituição de professores ausentes.

Apresentação

Para que os estagiários possam vivenciar propostas inovadoras e a reflexão crítica explícita das atividades de sua própria sala de aula, propomos também, dentro dos estágios de regência, as atividades de minicursos.

Em nossas pesquisas no campo de formação de professores, constatamos a dificuldade desses professores de realizar mudanças em "sua didática" (Carvalho, 1989; Garrido e Carvalho, 1999; Bejarano e Carvalho, 2004, 2003; Carvalho e Gonçalves, 2000; Carvalho, 2008, 2010). O ensino baseado em pressupostos construtivistas exige novas práticas docentes e discentes não usuais na nossa cultura escolar. Introduz um novo ambiente de ensino e de aprendizagem que apresenta dificuldades novas e insuspeitadas ao professor. Ele precisa sentir e tomar consciência desse novo contexto e do novo papel que deverá exercer na classe.

Incentivamos a experimentação, pelos professores, dessas atividades em suas aulas e seu registro (em vídeo) como material de discussão e reflexão coletiva dos processos de ensino e aprendizagem, concebendo então a prática pedagógica como objeto de investigação, como ponto de partida e de chegada de reflexões e ações pautadas na articulação teoria-prática. Procuramos assim criar condições para que o professor seja também o pesquisador de sua própria prática pedagógica.

Na quarta parte do livro, abordaremos os "Estágios de projetos de pesquisa". Nesses estágios, propomos alguns problemas de pesquisas que os estagiários podem desenvolver nas escolas, os quais os ajudarão a compreender alguns aspectos da dinâmica escolar. Propomos desde problemas gerais (por exemplo, a questão da inclusão na escola e a da disciplina/indisciplina na escola) até problemas mais relacionados ao ensino de um dado conteúdo específico. Entretanto, esses são somente alguns exemplos do potencial desses estágios, mostrando a riqueza com que os professores das universidades, coordenadores dos estágios de seus alunos, podem organizar a busca da compreensão da escola.

Na quinta parte deste livro, vamos discutir os "Estágios em espaços não formais", isto é, analisar o papel educativo que têm as visitas escolares aos museus e as participações dos alunos nos estudos do meio.

Hoje em dia, é grande o campo de pesquisa em ensino nos contextos não formais, em que se procura enfocar as implicações didáticas para a aprendizagem dos alunos dessas atividades fora dos muros escolares.

Na última parte deste livro, apresentaremos alguns exemplos de "Planos de estágios", que têm por objetivo orientar os estagiários, principalmente aqueles que precisam realizar as atividades de estágio sem que estas estejam ligadas diretamente a uma disciplina do curso de licenciatura.

Apresentaremos também um anexo com os documentos oficiais que regem os estágios.

Com as atividades dos estágios propostas neste livro, pretendemos proporcionar aos licenciandos:

- interação com a unidade escolar;
- vivência escolar como professor visando facilitar o início da vida profissional;
- dados significativos do cotidiano escolar que possibilitem uma reflexão crítica do trabalho a ser desenvolvido como professor;
- dados significativos do cotidiano escolar que possibilitem uma reflexão crítica dos processos de ensino e aprendizagem em relação a seu conteúdo específico;
- participação no trabalho do professor visando a uma tomada de consciência das atividades desenvolvidas na escola;
- experiências pedagógicas inovadoras no ensino do conteúdo específico;
- introdução, nas atividades de um professor pesquisador, de sua própria prática pedagógica;
- vivência e análise do trabalho do professor e da aprendizagem dos alunos nos ambientes não formais;
- material para planejamento de unidades de estágios dentro do plano de estágio.

Sumário

Parte 1
Entendendo a Escola: Local de Trabalho do Professor..........................1

Capítulo 1
Observando e Problematizando a Escola..3

Parte 2
Estágios de Observação – Uma Crítica Fundamentada ao Ensino Tradicional 9

Capítulo 2
Observando e Problematizando o Ensino 11

Capítulo 3
Observações Priorizando as Interações Verbais Professor-Aluno.......15

Capítulo 4
Observações Priorizando o Conteúdo Ensinado 29

Capítulo 5
Observações Priorizando as Habilidades de Ensino do Professor 45

Capítulo 6
Observações do Processo de Avaliação 57

Parte 3
Estágios de Regência – Experiências Didáticas na Formação
de Professores 63

Capítulo 7
Os Estágios de Regência – Discussão 65

Capítulo 8
As Regências Coparticipativas 67

Capítulo 9
Os Estágios de Regência Sob a Forma de Minicursos 73

Parte 4

Estágios de Projetos de Pesquisa..79

Capítulo 10

Projetos de Pesquisa – Discussão 81

Capítulo 11

Proposição de Problemas Sobre os Projetos de Pesquisa na Escola ...83

Parte 5

Estágios em Espaços não Formais..95

Capítulo 12

Os Estágios nos Museus..97

Capítulo 13

Os Estágios nos Estudos do Meio 105

Parte 6

Organizando o Plano de Estágio..111

Capítulo 14

Organizando o Plano de Estágio..113

Anexo

Documentos oficiais   125
Referências bibliográficas   141

PARTE 1

Entendendo a Escola: Local de Trabalho do Professor

CAPÍTULO 1
Observando e Problematizando a Escola

1.1 Discussão

A sala de aula em que um professor vai trabalhar não está isolada no mundo, ela se encontra dentro de uma escola que tem seus valores bem estabelecidos. O professor sabe que o seu trabalho está estreitamente relacionado com o desenvolvido pelo coordenador geral, pelo coordenador de área e pela direção, embora, após fechar a porta da classe, a responsabilidade do ensino e da aprendizagem dos alunos seja sua.

A organização das escolas orienta em relação às atitudes, às ideias e aos modos de agir tanto dos professores como de alunos. Um professor não desenvolve seus cursos da mesma maneira em estabelecimentos de ensino diferentes, pois as formas de organização e gestão têm um papel educativo sobre os atores sociais que estão na escola. Estudos mostram que a história da escola, sua construção, seus valores, seu formato organizacional determinam a qualidade dos resultados da aprendizagem (Libânio et al., 2003).

É então importante que, na formação dos licenciandos, a docência e a gestão educacional sejam concebidas de forma integrada tentando superar uma visão fragmentada e simplista da prática pedagógica. É preciso formar professores em uma direção em que a sala de aula, a escola e as políticas educacionais possam ser contextualizadas dentro dos problemas educacionais brasileiros (Oliveira, 2009) e, buscando esse objetivo, propomos um estágio para que os licenciandos analisem, além da sala de aula e de seu conteúdo específico, também a gestão escolar.

A gestão do projeto político-pedagógico (PPP) da escola pode ser entendida a partir de dois pontos de vista bem diferenciados: o estratégico empresarial e o emancipatório (Veiga, 2001). A gestão do primeiro tem sua base na administração clássica, em que existe uma rígida separação das estruturas de poder e na qual a regulação e o controle estão bem definidos. Nesse caso existe uma separação entre quem pensa ou orienta, quem executa e quem avalia. Tem por finalidade 'servir ao cliente'.

A gestão emancipatória objetiva garantir o processo democrático na escola, construindo qualidade técnica e política (Veiga, 2001). Nesse caso a escola é entendida como organização sociocultural marcada pela diversidade e pelos confrontos, buscando no processo democrático a unicidade teoria/prática, procurando também a participação efetiva da comunidade e o engajamento da família na vida escolar e promovendo reflexões coletivas. Ela tem um grande desafio, que é a construção do trabalho coletivo. As lideranças educacionais aparecem nessas discussões e, não raro, os professores dos conteúdos específicos são eleitos para os cargos de coordenador e diretor do estabelecimento de ensino. Mais uma razão para que, em sua formação, os problemas administrativo-pedagógico-financeiros de uma escola sejam estudados.

A gestão democrática está garantida constitucionalmente nas escolas oficiais e concretiza-se na participação do professor nos diversos conselhos escolares, na construção do sujeito coletivo escolar, que administra recursos diversos na consecução de objetivos pedagógicos (Paro, 1984).

Mas será que nossas escolas oficiais são mesmo democráticas? Quanto de gestão democrática e quanto de gestão empresarial encontramos em cada escola? O estudo da gestão escolar, mesmo que seja somente de uma escola – daquela em que o estagiário fará os estágios junto aos professores de seu conteúdo específico –, trará a esse licenciando melhores condições de entendimento de seu futuro local de trabalho e das relações entre a gestão escolar e os valores transmitidos de modo implícito aos professores e aos alunos desse estabelecimento.

A prática de gestão democrática se revela em várias atividades, como na elaboração do planejamento escolar quando é feito o projeto político-pedagógico da escola; na própria gestão desse PPP; no planejamento anual; na gestão dos processos administrativos e econômico-financeiros; na gestão dos mecanismos instituintes da gestão democrática; nas relações com a legislação educacional (Oliveira, 2009).

A vivência dos diferentes conselhos escolares é uma parte importante na análise das práticas da gestão da escola básica e da conscientização do papel do professor em cada um desses conselhos. Participar de pelo menos um desses conselhos e analisá-los 'de fora', enquanto estagiário e não ainda professor, é uma experiência bastante educativa para esse futuro docente.

1.2 Proposição de problemas para os estágios de gestão escolar

Os problemas propostos para esse estágio devem ser resolvidos concomitantemente aos outros tipos de estágios, pois o licenciando precisa ganhar a confiança dos atores da escola – professores, coordenadores e direção – para que os documentos escolares lhe sejam fornecidos e as portas sejam abertas para frequentar suas reuniões.

Caracterização da escola

> **1º Problema**
> Caracterize a escola: nome, localização, níveis de ensino, horário de funcionamento, número de turmas, número de professores, número de alunos, recursos materiais – salas de aula, laboratórios, biblioteca, sala de computação etc.

O conhecimento de uma escola passa pelo conhecimento de sua parte física e humana. Descreva o melhor possível a escola, com os dados acima, mas principalmente com a sua sensibilidade. Ela é limpa? É um ambiente agradável fisicamente? Um membro da equipe diretora está sempre presente na escola?

Analisando os documentos oficiais da escola

1º Problema

Leia o Regimento Escolar procurando conhecer: (a) quem o organizou; (b) qual a concepção de avaliação, recuperação, promoção que esse regimento mostra; (c) quais as atribuições dadas pelo regimento à direção, à coordenação, aos professores e aos alunos.

Ao analisar esse primeiro documento, procure fazer um retrato oficial da escola. Se for possível, sistematize esses três pontos e procure estabelecer com seus colegas estagiários, que estão em outras escolas, semelhanças e diferenças entre os regimentos, com a finalidade de verificar se são meras cópias de um padrão oficial ou se realmente refletem o estabelecimento de ensino.

2º Problema

Procure conversar com professores e alunos da escola com o objetivo de verificar o conhecimento deles sobre o regimento escolar.

Quase sempre os professores e alunos sabem que existe um regimento escolar, mas só o procuram quando algo de grave acontece na escola. Entretanto, os pontos fundamentais do regimento são conhecidos por todos, tais como os processos de avaliação e de recuperação e as funções de cada membro da equipe administrativa. É um conhecimento implícito que é transmitido oralmente pela comunidade escolar.

3º Problema

Leia o projeto político-pedagógico da escola. Procure saber: (a) quem o elaborou: a equipe diretiva ou o conjunto dos pro-

CAPÍTULO 1   Observando e Problematizando a Escola

fessores; (b) onde ele fica guardado, isto é, se a comunidade escolar tem acesso a ele; (c) quantas cópias existem.

O PPP de uma escola deveria representar o pensamento da comunidade escolar e, por isso mesmo, deveria ser elaborado nas reuniões de planejamento com a participação da equipe diretiva, dos professores e de representantes de alunos e pais. Uma vez elaborado, esse é um documento que deve estar ao alcance de todos. Um professor novo, que tenha entrado na escola após a elaboração do PPP, tem a obrigação de conhecê-lo.

4º Problema
Ainda sobre o PPP: leia-o com atenção para conhecer seus objetivos e princípios. Procure relacioná-lo com o planejamento da disciplina específica em que você está estagiando. Verifique nas atividades escolares, principalmente nas aulas a que você assiste para os estágios de observação, se elas contemplam esses objetivos.

É bastante comum o PPP ter objetivos bem progressistas que não são contemplados no dia a dia da escola. Podemos tomar como exemplo a recuperação dos alunos: é possível que no PPP seja proposta uma recuperação contínua dos alunos com dificuldade de aprendizagem; entretanto, na prática, é preciso verificar se isso realmente acontece. Outro ponto importante a ser comparado é o que se refere à disciplina/indisciplina.

Participando das reuniões

5º Problema
Procure participar das reuniões dos professores, tais como as reuniões de coordenação, os conselhos de classe ou de séries ou outras reuniões em que estejam presentes professores e a equipe diretiva (coordenadores e direção) da escola. Analise a pauta dessas reuniões verificando o tempo destinado à parte administrativa: informes, recados etc.; à parte formativa: prá-

ticas pedagógicas, leitura de textos, discussão de atividades de ensino etc.; à parte financeira: modo de gestão dos recursos da escola para dar conta da tarefa educativa.

São essas reuniões que garantem os mecanismos de uma gestão democrática. Entretanto, em muitas escolas, as reuniões são realizadas por obrigação e se transformam em um período para transmitir recados e informações da direção ou da Secretaria da Educação aos professores. Nesse caso, uma atividade pensada para uma gestão democrática acaba sendo utilizada para uma gestão autoritária.

6º Problema

Assista a uma reunião de pais e mestres da escola. Analise a pauta dessa reunião verificando o tempo destinado à parte administrativa, à parte formativa (agora em relação à aprendizagem dos alunos) e à parte financeira. Preste atenção no relacionamento que existe entre os pais e a direção e deles com os professores.

A relação da escola com os pais de alunos e com a comunidade de maneira geral é um dos pilares de uma gestão democrática, mas para isso é preciso ouvir essa comunidade e trabalhar para trazê-la para dentro da escola. Um trabalho conjunto de comunidade e escola só beneficia a educação dos alunos.

7º Problema

Acompanhe a escolha dos representantes de classe e o trabalho deles com a equipe diretiva da escola. Acompanhe também o funcionamento do grêmio estudantil.

A participação dos alunos como representantes de classe e suas atuações nas atividades de um grêmio estudantil são caminhos importantes para a formação de cidadãos conscientes e participativos em uma democracia.

PARTE 2
Estágios de Observação – Uma Crítica Fundamentada ao Ensino Tradicional

CAPÍTULO 2
Observando e Problematizando o Ensino

Os estágios de observação devem apresentar aos futuros professores condições para detectar e superar uma visão simplista dos problemas de ensino e aprendizagem, proporcionando dados significativos do cotidiano escolar que possibilitem uma reflexão crítica do trabalho a ser desenvolvido como professor e dos processos de ensino e aprendizagem em relação ao seu conteúdo específico.

Diferentemente de outras profissões, em que o estagiário não conhece o campo de trabalho – o médico estagiário quase nunca tinha entrado em um hospital, assim como um aluno de direito não frequentou um escritório de advocacia –, o futuro professor passou toda a sua vida escolar dentro do local em que irá trabalhar. Entretanto, esse conhecimento, em vez de ajudar, muitas vezes atrapalha, pois cria imagens profissionais difíceis de serem removidas, tanto em relação ao conteúdo que deve ser ensinado quanto ao papel do professor e suas interações com os alunos.

Agora o futuro professor irá à escola observar a aula não como um aluno que deve aprender um determinado conteúdo, mas como um profissional interessado em detectar as condições de ensino e de não ensino; analisar as interações construtivas e destrutivas entre professor e alunos; ver como o papel do professor interfere no clima da aula e discutir qual a visão de ciências que o conteúdo ensinado transmite aos alunos. Essas observações analíticas podem ser realizadas tanto nas aulas do professor que recebe o estagiário como – e esta é a melhor das observações – nas aulas dos próprios estagiários em seu estágio de regência.

Detectar as conexões entre cada variável observada do ensino e a aprendizagem dos alunos fará os estagiários relacionarem com maior precisão suas próprias ideias sobre ensino, aprendizagem e epistemologia do conteúdo a ser ensinado com suas atitudes e comportamento em sala de aula.

Na grande maioria dos casos, os estágios de observação serão realizados pelos estagiários em salas de aulas tradicionais em que a concepção de ensino está centrada no modelo transmissão-recepção e na concepção empirista-positivista de ciências (Silva e Schnetzler, 2000). A necessidade de questionar essas concepções junto aos futuros professores tem se mostrado um fator bastante relevante na formação desses profissionais (Harres, 1999; Guimarães et al., 2006; Scheid et al., 2007; Daza-Pérez e Moreno-Cárdenas, 2010).

Fazer uma crítica fundamentada desse ensino é necessário, pois criará condições para o estagiário reestruturar seus conceitos de ensino e de aprendizagem que são pré-requisitos para uma futura mudança metodológica.

No ensino tradicional, o papel do professor é bem definido. Ele está ali para transmitir um conhecimento que, por hipótese, somente ele domina. Ele é o detentor das informações, e aos alunos cabe acompanhar o seu raciocínio. Se o aluno não entende, compete ao professor repetir com outras palavras, utilizar outros exemplos, buscar novas analogias, mas ele ainda é, durante a aula, a pessoa ativa, a que pensa, a que busca novos raciocínios. O aluno continua passivo, procurando sempre compreender o que o professor está falando, suas explicações. Mesmo quando outros tipos de aulas são organizados, além dos expositivos (como uma aula de laboratório, por exemplo), são planejados com passos bem estruturados para levar os alunos às conclusões desejadas. Quando os alunos são induzidos a trabalhar em grupo, o professor em um ensino tradicional propõe que as tarefas sejam divididas, não dando ensejo às discussões entre os pares.

Entretanto, essa mudança do ensino tradicional – de conteúdos fechados e professores expositivos – para uma escola em que o aluno construa os conceitos, os procedimentos e as atitudes em cada área de conhecimento não é fácil, visto que a principal consequência é uma profunda alteração no papel do professor.

A formação do professor, tanto a inicial como a adquirida em serviço, precisa levá-lo a analisar em profundidade essas transformações a partir de uma crítica fundamentada do ensino tradicional, uma vez que é esse conhecimento que o aluno estagiário ou o professor em serviço trazem em sua bagagem cultural. As diversas facetas do ensino tradicional (interação professor/aluno, avaliação, trabalho em grupo, conhecimento estruturado, crença de que o aluno aprende ouvindo etc.) têm de ser consideradas como conhecimentos espontâneos sobre ensino. E é a partir desses conhecimentos espontâneos e não teóricos que temos de criar a base para essa tão desejada mudança conceitual e atitudinal do futuro professor.

É necessário problematizar as ações docentes para que as observações possam, a partir de referenciais teóricos, ser significativas para os futuros professores ou para os professores em serviço, levando-os a refletir sobre a relação tão complexa entre o ato de ensinar de um professor e a aprendizagem de seus alunos. Essas reflexões terão maior significado se forem feitas coletivamente nas aulas da faculdade, com a ajuda de referenciais teóricos mais consistentes.

Como a observação do fenômeno 'ensino e aprendizagem de um conteúdo[1] específico' não é uma proposta fácil, vamos problematizá-la em quatro vertentes: priorizando o papel do professor e sua interação com os alunos; priorizando como o conteúdo é ensinado; priorizando as habilidades de ensino do professor e, finalmente, priorizando o processo de avaliação do professor.

---

[1] Sempre entendendo conteúdo nos domínios conceitual, procedimental e atitudinal.

Na verdade, essas são apenas quatro das variáveis que influenciam o ensino e todas estão estritamente relacionadas em sala de aula. A problematização de cada uma em particular é somente para fins de estudo. O interessante seria que o estagiário pudesse, se não no começo, mas ao fim de seu estágio, estabelecer relações entre essas variáveis e a aprendizagem dos alunos.

CAPÍTULO 3
Observações Priorizando as Interações Verbais Professor-Aluno

3.1 Um pouco de teoria

As situações de aprendizagem podem ser vistas como 'uma interação entre professor, aluno, conteúdo e ambiente'. Dentre as possíveis combinações entre essas quatro variáveis, a interação professor-aluno é, sem dúvida, a mais forte e a mais frequente e a que vai determinar a qualidade das outras relações. E dentro das possíveis interações professor-aluno, a interação verbal é a que domina em uma sala de aula. Não que ela seja a única, pois cada conteúdo a ser ensinado tem também sua linguagem específica que faz das linguagens não verbais uma parte importante do ensino (por exemplo, as linguagens matemáticas – tabelas, gráficos e equações – nas aulas de ciências, as figuras nas aulas de biologia ou os mapas nas aulas de geografia). Entretanto, todas as demais linguagens são acompanhadas pela linguagem verbal. Portanto, estudar a interação verbal entre professores e alunos foi um dos primeiros desafios enfrentados pelos estudiosos do ensino em seu ambiente natural – a sala de aula.

Alguns problemas surgiram desde a segunda metade do século XX, quando esses estudos começaram a ser feitos: como observar essa interação identificando, no decorrer de uma aula, as variáveis relevantes? Como apresentar objetivamente esses dados de tal forma que eles possam contribuir para o crescimento do professor e o entendimento da relação entre o ensino e a aprendizagem?

Nas décadas de 1960 e 1970, bem no início da mudança do paradigma educacional, do ensino de transmissão para um ensino em que os alunos construam seus conhecimentos de uma forma intelectualmente ativa, esses eram problemas bastante pesquisados (Medley e Mitzel, 1963; Amidon e Flanders, 1967; Simon e Boyer, 1967; Flanders, 1970; Rosenshine, 1971; Rosenshine e Furst, 1973).

Das soluções encontradas, o sistema proposto por Flanders (1970) é o que proporciona melhores condições para construir um 'retrato' das interações verbais em uma sala de aula, pois ele apresenta dez categorias para descrever a interação verbal entre professor e aluno, propondo também a construção de uma matriz relacionando os comportamentos observados. As categorias referentes às falas do professor estão relacionadas à diretividade de seu discurso, dessa forma minimizando ou maximizando a liberdade de participação dos alunos (Figura 3.1). Apesar de o sistema de Flanders retratar uma aula expositiva, de transmissão de conteúdo, ele contempla aquele professor que aceita os sentimentos e as ideias de seus alunos e os elogia – interações que, como mostraram as pesquisas citadas, tornam a aula mais participativa.

O mais importante na proposta de Flanders foi a possibilidade de mostrar a interação entre as categorias, como o comportamento do professor assim que seu alunos terminassem de responder a uma questão: ele elogiava, aceitava o que o aluno falava, simplesmente respondia expondo a matéria ou o repreendia? Essa fala do professor após o aluno se expressar influi diretamente no clima da aula. Outra interação professor-aluno importante é observar quando o aluno fala na aula: somente depois de uma pergunta do professor ou ele tem a liberdade de perguntar, interrompendo a exposição do mestre? E o professor, quando faz uma questão, proporciona tempo para os alunos pensarem ou imediatamente continua a exposição? Todas essas interações são importantes para definir o clima da aula.

Figura 3.1 Sumário das Categorias para Análise de Interação segundo Flanders

PARTICIPAÇÃO DO PROFESSOR

Influência Indireta:

1. Aceita sentimentos. Aceita e classifica os sentimentos dos estudantes de maneira não ameaçadora. Os sentimentos podem ser positivos ou negativos. Predição ou lembrança de sentimentos estão aqui incluídos.

2. Elogia ou encoraja. Elogia ou encoraja as ações ou comportamentos dos alunos. Piadas que relaxam a tensão da classe e não à custa de um indivíduo em particular. Movimento de cabeça falando "am, am" ou "está certo" etc. está incluído.

3. Aceita ou usa as ideias dos alunos. Classifica, instruindo ou desenvolvendo as ideias ou sugestões dos alunos. Quando o professor introduz suas ideias, escolher a categoria 5.

4. Pergunta. Faz questões sobre o conteúdo ou procedimento, com intenção de obter respostas do aluno.

Influência Direta:

5. Expõe. Dá falas ou opiniões sobre o conteúdo ou procedimento, expressando suas ideias, fazendo questões retóricas.

6. Dá ordens. Ordens, direções às quais é esperado que os alunos obedeçam.

7. Critica ou justifica a autoridade. Críticas, intenção de mudar o padrão de comportamento do aluno de não aceitável para aceitável, pôr aluno para fora, explicar seus atos, extrema autorreferência.

PARTICIPAÇÃO DO ALUNO

8. Respondendo. Participação do aluno em resposta ao professor. O professor inicia o contato ou solicita a participação dos alunos.

9. Iniciando a participação. Participação iniciada pelo aluno. O observador precisa decidir se o aluno queria falar.

10. Silêncio ou confusão. Pausa, pequenos períodos de silêncio e períodos de confusão nos quais a comunicação não pode ser entendida pelo observador.

Fonte: Flanders (1970).

Entretanto, a síntese apresentada por Rosenshine e Furst (1973) sobre as pesquisas de observações sistemáticas em sala de aula mostrou que, em aulas 'tradicionais', quando o professor expõe o conteúdo, dois terços do tempo são ocupados pela fala do professor e mais da metade do restante por atividades do professor, como fazer questões – cujas respostas são monossilábicas: sim ou não, certo ou errado – ou escrever na lousa para os alunos copiarem e possivelmente decorarem. Uma parte muito pequena da aula é destinada à fala dos alunos.

Uma consequência dessas pesquisas foi a tomada de consciência de que, apesar de a escola exigir dos alunos o domínio das linguagens acadêmicas, a capacidade de análise e síntese, o raciocínio lógico-matemático e tantos outros atributos, o ensino não estava dando oportunidade de os alunos aprenderem e praticarem essas habilidades em suas aulas. As aulas só inibiam o desenvolvimento da linguagem e dos processos intelectuais dos alunos.

Com as novas propostas educacionais, baseadas em pressupostos construtivistas que ampliam os objetivos do ensino, propondo que, ao ensinar os conteúdos específicos também se desenvolva a capacidade dos aprendizes de entender como viemos a saber e por que acreditamos no que sabemos, estudar a interação professor-aluno, completamente desconectada do conteúdo ensinado, perdeu um pouco do significado.

Entretanto, apesar desses conhecimentos já produzidos e sistematizados, os pesquisadores que continuaram estudando o ensino em sala de aula mostraram que, ainda hoje, há uma grande quantidade de interações em sala de aula conduzidas mais para conservar uma estrutura social de relações entre professor e alunos (Lemke, 1990) do que para ensinar ciência[1]. Essas interações podem ser entendidas como uma *exposição processual* que Bloome et al. (1989, p. 272) definem como (a) "a exposição de professor para aluno, e vice-versa, em um conjunto de procedimentos acadêmicos interativos, que eles mesmos contam como a realização de uma lição" e (b) "a ratificação

---

[1] Referimo-nos à 'ciência' de uma maneira geral. Podem ser tanto as ciências naturais (física, química, biologia) como as ciências sociais (história, geografia, sociologia).

da lição não está necessariamente relacionada à aquisição do conteúdo acadêmico ou não acadêmico desejado, ou habilidades, mas está relacionada ao conjunto de significações culturais e de valores, mantido pela comunidade educacional para educação em sala de aula".

Podemos entender as exposições processuais como hábitos sociais da escola, o que significa que a vivência em salas de aula é ordenada, muitas vezes, sem questionamento e sem objetivo para os estudantes. Exposição processual é o que cada um faz em sala de aula quando está simplesmente 'fazendo lição' mecanicamente, sem necessidade de raciocinar sobre o conteúdo que está sendo ensinado. Muitas vezes, quando estudamos as interações professor-alunos, encontramos aulas em que os alunos participam bastante, respondendo a todas as questões feitas pelo professor, o que nos dá a impressão de uma aula muito ativa. Entretanto, quando examinamos mais detalhadamente as perguntas, observamos que elas levam os alunos a responder mecanicamente, a falar coisas que eles já sabem, simplesmente precisando da memória para responder. Estudar as questões dos professores é um ponto importante para entendermos o 'fazer lição'.

Em uma interessante pesquisa, Jiménez-Aleixandre et al. (2000) procuraram analisar o 'fazer lição' ou 'fazer ciência' em uma sequência didática de biologia. Os autores utilizaram o conceito de exposição processual para descrever o 'fazer lição' e verificaram que era dado um tempo grande das aulas para o cumprimento de expectativas do que estudantes e professores fazem enquanto estão na escola, como revisões de tarefa de casa, anotações das aulas, testes e a exigência de que os estudantes concluíssem um gráfico a cada investigação no laboratório, sem levar em consideração o propósito da investigação.

Para caracterizar o 'fazer ciência', isto é, os diálogos científicos ou argumentações dos estudantes durante as aulas de biologia, os autores utilizaram o referencial de Toulmin (1958/2006) e mostraram que a construção de argumentos científicos pelos alunos está intimamente relacionada com um ambiente adequado em sala de aula. Nas salas de aula observadas nesse estudo, o professor combinou um clima de confiança, o qual estimulou os estudantes a exprimir e a defender as suas opiniões, com o uso de tarefas para as quais era necessário que os estudantes trabalhassem colaborativamente e resolvessem problemas. O resultado foi o surgimento de argumentação nas intervenções dos estudantes, principalmente quando solicitavam ao colega para explicar ou apoiar suas posições. Nessas ocasiões, eles propunham justificativas e até apoios teóricos como suporte de suas posições. Os autores acreditam que isso foi possível porque os estudantes estavam acostumados a trabalhar em grupos e a raciocinar sobre as suas opiniões durante todo o período.

Em nossas salas de aula, não são dadas muitas oportunidades para os estudantes discutirem questões científicas, relacionarem dados e oferecerem explicações. Também é difícil encontrar ambientes de aprendizagem que deem aos estudantes oportunidades de, em grupo, resolver problemas, discutir ciências e falar ciências. Quando essa oportunidade é oferecida, por meio de atividades de ensino problematizadoras, mesmo em pequena escala, os estudantes usam um número de operações (argumentativas e epistemológicas) que fazem parte da cultura científica (Sasseron e Carvalho, 2011; Barrelo e Carvalho, 2011). Propor um ambiente de aprendizagem não diretivo, dando liberdade intelectual para os alunos pensarem e argumentarem, tanto desenvolve como facilita a construção, a representação e a avaliação do conhecimento e dos métodos investigativos pelos estudantes.

3.2 Estágios de observação da interação verbal em sala de aula: proposição de problemas

Os objetivos dos problemas propostos nesta seção é levar os licenciandos ou os professores em serviço a tomar consciência do grau de liberdade intelectual que as interações professor-alunos em sala de aula podem oferecer aos estudantes e também a verificar se na aula se 'faz lição' ou se há liberdade para os alunos 'fazerem ciências'.

Como já expusemos, essas observações analíticas tanto podem ser realizadas nas aulas do professor que recebe o estagiário como nas aulas dos próprios estagiários em seus estágios de regência, sendo esta última a melhor das observações, pois, analisando suas próprias, aulas o futuro docente terá mais condições de modificá-las.

A interação professor-aluno é uma das principais variáveis na caracterização entre o 'fazer lição' ou 'fazer ciência'. Mesmo que o professor tenha como apoio material didático investigativo, se ele for diretivo ao propor as questões ou se não aceitar as ideias dos alunos, não conseguirá criar um clima de confiança em suas aulas que dê condições para os alunos argumentarem sobre o conteúdo estudado. Para facilitar essa observação, apresentamos problemas que focalizam as perguntas do professor, as respostas dos alunos, o *feedback* dado pelo professor e os momentos de silêncio ou confusão.

Observações das perguntas dos professores

1º Problema

O professor inicia o ensino de um novo tópico de seu programa. Observe 10 minutos e marque nesse período o número de perguntas que ele fez. Tome nota dessas perguntas e das respostas dos alunos para futuras discussões. Se possível, observe também o que os alunos (um grupo ao seu redor) estão fazendo.

Promova uma discussão – com os outros estagiários na faculdade ou em seu relatório – sobre as questões feitas pelo professor.

Em um ensino tradicional e bastante diretivo, o professor, mesmo que utilizando outras linguagens não verbais como a escrita na lousa, expõe o tempo todo sem nenhuma interação com os alunos. Cabe aos alunos prestar atenção, seguir o raciocínio do professor e copiar no caderno.

Um primeiro passo para abrandar a diretividade é o professor organizar seu ensino levando em conta o conhecimento espontâneo de seus alunos, isto é, o que eles já viram ou já sabem sobre o tema a ser ensinado. E isso tradicionalmente é feito por meio de perguntas aos alunos. Mesmo sem levar em conta os conceitos espontâneos, o professor pode fazer perguntas para estimular a participação dos alunos ou até propor questões para sentir se a classe está acompanhando a sua exposição.

Assim, é muito importante observar o tipo de questão que é feito pelo professor ao expor ou sistematizar o conhecimento já discutido. Eram perguntas retóricas do tipo "Vocês estão entendendo?", "Quem tem alguma pergunta?" ou eram perguntas que os alunos tinham condições de responder? E os alunos responderam? Eles participaram da aula?

2º Problema

Em três diferentes tipos de aula (por exemplo, aula expositiva, de problemas e de laboratório) ou em aulas de três diferentes professores, observe e tome nota das questões feitas. Procure, após as aulas, categorizar essas questões para uma melhor discussão com seus pares ou no relatório. Pode incluir nessas questões as perguntas já obtidas na atividade anterior.

São vários tipos de questões que os professores podem fazer a seus alunos, e cada uma exige uma resposta diferente, uma atividade de pensamento distinta de seus alunos.

Um tipo de pergunta muito comum são as *perguntas retóricas,* aquelas que não são para os alunos responderem, são mais um jeito de falar, uma forma de exposição em que o expositor faz questões e ele mesmo responde. Logo após a pergunta, não existe a categoria silêncio, isto é, um pequeno intervalo (mais ou menos 3 segundos) para que o ouvinte responda.

Outro estilo de questionamento bastante comum, principalmente em exposições diretivas, são as *perguntas sem sentido.* São questões do tipo "Vocês entenderam?"; "Têm alguma dúvida?"; "Tudo bem, posso continuar?", feitas quase sempre ao final de uma exposição. Essas questões visam mais apaziguar a consciência do professor do que obter a real resposta do aluno. Quase sempre observamos, após essas questões, momentos de silêncio (categoria 10), alguns até longos, com mais de 10 segundos, acompanhados de uma expressão interrogativa no rosto de professor. Mas que aluno tem coragem de dizer que não entendeu nada ou mesmo de fazer uma pergunta referente ao início da exposição? As participações dos alunos, quando existem, são nesses casos pontuais, buscando explicações periféricas ao objetivo da exposição (por exemplo: "Não entendi o que está escrito ali").

Outro tipo de questão que comumente encontramos durante uma exposição são *perguntas de complementaridade*, isto é, o professor começa uma frase e deixa para os alunos terminarem. Por exemplo: "Este é um movimento retilíneo e...?" Os alunos: "uniforme". Ou: "A aceleração da gravidade vale...?" Os alunos: "9,8", e o professor completa: "metros por segundo ao quadrado, não se esqueçam das unidades!". Esses são questionamentos que dão a impressão de que toda a classe está pensando, raciocinando, pois existe uma boa participação dos alunos. Entretanto, se observarmos criticamente, veremos que o professor só pergunta aquilo que os alunos já sabem e, além disso, são questões de memorização de conhecimentos específicos e não de raciocínio. São questões tão simples que sequer necessitam de tempo entre a pergunta e a resposta dos alunos, pois eles não pensam para responder: ou já sabem e respondem ou não se lembram e ficam quietos.

Outro questionamento que não exige reflexão dos alunos são as *perguntas com somente duas possibilidades de resposta*. Exemplos: "A aceleração é positiva ou negativa?"; "O movimento é uniforme ou uniformemente acelerado?". Quase sempre os alunos não titubeiam: escolhem logo uma das opções!

O difícil é mudar esses tipos de questões para *perguntas que levam o aluno a raciocinar*. São questões um pouco mais longas, seguidas de tempo – sempre mais de 3 segundos (categoria 10) – para os alunos responderem. Por exemplo: "No exemplo que estou explicando, como determinar o tipo de movimento do carrinho?". Nesse tipo de questão, o aluno tem de raciocinar sobre os conceitos ensinados: recordar os tipos de movimentos, suas características e o processo de classificação dos movimentos e aplicar esses saberes no exemplo dado. Além do conteúdo conceitual, ele precisa saber também os conteúdos procedimentais. No tempo dado para os alunos pensarem, eles quase sempre o utilizam para discutir com seus colegas, o que é bastante natural e importante, uma vez que nessa troca de ideias com os colegas eles 'podem' testar sem constrangimento seu raciocínio.

Forneceremos agora um último problema para ser resolvido não durante os estágios nas escolas, mas na aula na universidade, utilizando os dados obtidos em suas observações.

3º Problema

Dentro do contexto das aulas assistidas, procure reformular as questões do segundo problema, transformando-as em perguntas que levam os alunos a raciocinar (o ideal seria que as aulas observadas fossem as suas próprias aulas do estágio de regência).

Observação de como o professor responde aos seus alunos – Tríade I-R-F

A tríade I-R-F – isto é, o professor inicia, o aluno responde, o professor dá o *feedback* ao aluno – talvez seja o conjunto de comportamentos que mais caracteriza o professor e o que separa um professor diretivo de um indireto, mesmo que este último tenha muitos comportamentos diretivos – exponha, dê ordens ou faça críticas. O que o professor diz, assim que o aluno responde à sua questão, é o que vai marcar esse aluno e toda a classe que está ouvindo e prestando atenção no professor. Se o professor responde ao aluno elogiando ou aceitando sua ideia, mesmo que ela não esteja certa, fazendo então novas perguntas para melhor entender o que o estudante quis falar, os outros alunos se sentirão encorajados para participar da aula e responder quando o professor fizer novas questões. Entretanto, se o *feedback* for negativo, isto é, se ele criticar mesmo de leve a resposta do aluno, os outros não terão coragem de se expor perante seus colegas, e a aula ficará cada vez com menos participação intelectual dos alunos. É muito frequente esse tipo de comportamento afetar o nível de participação dos alunos, que deixam de prestar atenção na aula e iniciam uma relação de agressividade com o professor.

CAPÍTULO 3   Observações Priorizando as Interações Verbais Professor-Aluno

Encontramos muitos professores que querem apresentar um comportamento neutro em relação às respostas dos alunos, passando diretamente a expor depois que o aluno responde. Esse comportamento também é caracterizado como diretivo, pois mostra o aluno só como coadjuvante, como um apoio à exposição. Não custa nada a esse professor fornecer uma palavra positiva, um 'ótimo', um 'muito bom', antes de continuar expondo. São palavras que tomam menos de um segundo do tempo do professor, mas que têm uma influência enorme no clima da aula e nas relações estabelecidas entre o professor e os seus alunos.

> **4º Problema**
>
> Em uma aula, observe as tríades I-R-F, prestando atenção em como o professor fala após o aluno responder à sua pergunta. Observe o aluno que respondeu e também os outros alunos, enquanto o professor dá o seu *feedback*. Tome nota dessas participações e, após a aula, classifique-as de acordo com sua diretividade.

É importante que o estagiário tenha oportunidade de discutir com seus colegas essas tríades, que representam, para o aluno do ensino básico, o desempenho de um dos papéis intelectuais mais frequentes em aula. Ao relacionar esses dados obtidos no estágio com o clima em sala de aula, o estagiário tem condições de discutir a relação entre como o professor ensina – em termos de interação verbal – e a aprendizagem de seus alunos.

Observação de como os alunos participam da aula

O que estava acontecendo na aula quando os alunos começaram a falar? É muito diferente, do ponto de vista intelectual, quando os alunos falam, conversam com seus colegas, após uma pergunta do professor ou após uma bronca dele. Também é muito diferente ter uma classe em que o aluno só participa quando é solicitado pelo professor (categoria 8) e outra em que o aluno tem a liberdade de perguntar suas dúvidas ou mesmo expor suas ideias sobre o assunto estudado (categoria 9). Essa liberdade intelectual que o professor imprime em suas classes está diretamente relacionada com a aprendizagem dos alunos, e esse fator precisa ser observado pelos estagiários.

> **5º Problema**
> Nas aulas que estão sendo observadas, conte o número de vezes que o aluno responde ao professor (categoria 8) e o número de vezes em que ele inicia um diálogo (categoria 9). Estabeleça uma relação entre esses dois fatores (categoria 9/categoria 8).

Essa relação pode variar de zero, quando não existe a categoria 9, isto é, quando nenhum aluno tem a liberdade de iniciar um diálogo (nem mesmo o mais corriqueiro, que é "explique de novo! não entendi o que o senhor falou"), a infinito, quando não existe a categoria 8, mas somente a 9, isto é, o professor não pergunta nada a seus alunos, sendo eles que fazem todas as perguntas, dirigindo então a aula. Nenhum desses dois extremos é válido em uma relação de ensino e aprendizagem. O professor não deve ser tão fechado que não permita ser interrompido nem tão aberto que não tenha o domínio intelectual da classe.

Qual é uma boa relação? Essa é uma resposta que depende de muitas outras variáveis, principalmente da atividade de ensino que o professor está propondo; por esse motivo, essa relação não deve ser extraída em uma só aula, mas em um conjunto de aulas de um mesmo professor.

Observação dos acontecimentos que provocaram os silêncios ou confusões

É importante observar o que causa o silêncio ou as confusões (categoria 10) em uma sala de aula.

Esses acontecimentos podem ser positivos ou negativos. Em uma aula tradicional, pretende-se que os alunos fiquem em silêncio e que

CAPÍTULO 3   Observações Priorizando as Interações Verbais Professor-Aluno

não haja confusão, que tem sempre uma conotação negativa. Entretanto, o silêncio nem sempre significa aprendizagem dos alunos, muito pelo contrário. Muitas vezes, eles estão 'longe', estudando outra matéria, lendo coisas não referentes à aula e até mesmo brincando com jogos no celular ou ouvindo um MP3.

Por outro lado, a confusão pode ter conotação positiva, se for resultante de uma dinâmica de grupo em que os alunos estão discutindo um texto dado pelo professor.

Desse modo, é muito importante observar com rigor o que provocou o aparecimento dessa categoria na aula.

> **6º Problema**
>
> Nas aulas do estágio, observe e classifique, segundo as categorias de Flanders, o que provocou o silêncio ou a confusão nas aulas. Após cada aula observada, classifique os silêncios ou confusões pelos comportamentos imediatamente anteriores a essa categoria, vendo qual comportamento do professor ou dos alunos os provocou.

É muito diferente uma confusão gerada por uma pergunta do professor, a qual leva os alunos a discutir com os colegas ou a abrir os livros e buscar as respostas, de uma ocasionada pela repreensão do professor, a qual também faz com que os alunos falem com os colegas, porém não sobre a matéria estudada nem de uma maneira positiva. Os estagiários precisam tomar consciência dos diferentes tipos de confusões, principalmente porque eles são, na sua maioria, provenientes de um ensino tradicional em que confusão significava bagunça.

CAPÍTULO 4
Observações Priorizando o Conteúdo Ensinado

4.1 Um pouco de teoria

A questão inicial e fundamental na formação de professores se refere ao conteúdo que ele vai ensinar, e essa questão, apesar de antiga, ainda provoca muitas discussões, principalmente quando se procura responder "qual o conteúdo que deve ser ensinado e por quê?".

Durante o século XX, foram muitas as mudanças que ocorreram nos conhecimentos escolares propostos para a educação fundamental e média em qualquer uma de nossas disciplinas. Vários fatores influenciaram essas modificações, como a história das instituições educacionais e o sistema de exames preparatórios instituídos na passagem do século (Nicioli e Mattos, 2008), mas o principal fator é a mudança de valores da sociedade sobre o que é importante para os alunos aprenderem. No ensino das ciências, por exemplo, a tendência atual é ensinar um conteúdo que possibilite ao aluno entender os problemas do mundo atual. Assim, vários tópicos importantes no início do século XX e que refletiam a visão de educação voltada para o próprio conteúdo específico foram substituídos por tópicos que auxiliem o aluno a participar da sociedade em que ele está inserido.

Paralelamente a essas tendências, já nas últimas décadas do século XX, houve uma alteração significativa no conceito de 'conteúdo escolar', isto é, aquele que deve ser ensinado na escola fundamental e média. Essa modificação visava romper com um ensino centrado apenas na memorização mais ou menos repetitiva de fatos e na assimilação mais ou menos compreensível de conceitos e sistemas conceituais (Coll, 1992). Coll propõe a ampliação do conceito de conteúdo escolar, incluindo agora os aspectos conceituais, procedimentais e atitudinais, e sugere que o professor planeje e desenvolva atividades de ensino que permitam que seus alunos trabalhem de forma inter-relacionada esses três aspectos do conteúdo. Assim, o conceito de conteúdo curricular se amplia, passando a incluir, além da dimensão *conceitual*, as dimensões *procedimental* e *atitudinal*, esta última representada pela discussão dos valores do próprio conteúdo (Brasil, 1999; Brasil, 2002).

Estudando os documentos oficiais brasileiros – LDB, PCN, PCN+ – que dão diretrizes e orientações para a discussão dos currículos escolares, Sasseron (2010) mostrou que, além de entender o conteúdo escolar nas três dimensões acima propostas, esses documentos ainda trabalhavam com os conceitos de *interdisciplinaridade* e *contextualização* como eixos organizadores da doutrina curricular.

Nesses documentos oficiais, segundo a autora, a interdisciplinaridade aparece descrita como a possibilidade de relacionar diferentes disciplinas em projetos e planejamentos de ensino da escola. Os PCNs fazem questão de frisar que a interdisciplinaridade não deve diluir as disciplinas, mas sim manter a individualidade de cada uma ao mesmo tempo que congrega temas relacionados. Desse modo, a interdisciplinaridade é muito mais um conceito para a elaboração do projeto político-pedagógico da escola, o qual vai influenciar a escolha do conteúdo conceitual a ser ensinado, sem influir no modo como ele deve ser ensinado.

Nesses mesmos documentos, afirma-se que a contextualização deve ser entendida como a possibilidade de transitar do plano experimental vivenciado pelos alunos para a esfera das abstrações e das construções que regem fenômenos de cada uma das disciplinas (Sasseron, 2010).

Como a contextualização não é um conceito fácil de ser entendido e aplicado no dia a dia do ensino e da aprendizagem nas salas de aula, mas é muito importante nessa visão de educação proposta pelos documentos oficiais, vamos exemplificá-la nas três dimensões do conteúdo: conceitual, procedimental e atitudinal.

O conceito de contextualização na dimensão do conteúdo conceitual

O processo de contextualização dos conteúdos conceituais se dá tanto pela interação com os aspectos culturais de nossa sociedade como pelos conhecimentos adquiridos sobre como os alunos aprendem os conceitos que se pretende ensinar.

Os documentos oficiais frisam, insistentemente, a necessidade de formar cidadãos prontos para trabalhar, atuar e participar da sociedade contemporânea (Sasseron, 2010) e, para que isso possa acontecer, é necessário que aspectos dessa sociedade relativos aos conteúdos conceituais, desenvolvidos em cada uma das disciplinas dos currículos da escola básica, estejam presentes nas salas de aula. A contextualização relativa à sociedade, isto é, ao dia a dia dos alunos, é um dos pontos importantes na definição dos conteúdos conceituais (Silva e Marcondes, 2010). No ensino das ciências, por exemplo, a dimensão cultural vai propor e exigir que a escola assuma em seu currículo as relações entre ciência, tecnologia, sociedade e ambiente. Não se concebe hoje o ensino das ciências sem que esteja vinculado aos aspectos tecnológicos, sociais e ambientais que essa ciência traz para a própria modificação de nossas sociedades (Auler e Delizoicov, 2001; Vianna et al., 2008; Ramos et al., 2009; Abreu et al., 2005).

Visando agora à aprendizagem dos alunos, a contextualização dos conteúdos conceituais também está relacionada ao conhecimento do que os alunos trazem para as salas de aula. Pesquisas no campo da psicologia da aprendizagem mostraram que a aprendizagem de novos conteúdos se dá a partir do conhecimento que o indivíduo já possui. Na mesma direção desses trabalhos, as pesquisas nos campos de ensino de conteúdos específicos (por exemplo: pesquisas em ensino de física, em ensino de química, em ensino de geografia etc.) mostraram que os alunos entram em suas classes com noções espontâneas já estruturadas em todas as áreas do conhecimento. Entretanto, essas noções espontâneas muitas vezes apresentam uma lógica própria e um desenvolvimento de explicações causais que são fruto dos intentos dos alunos para dar sentido às atividades cotidianas. Em muitos casos, essas noções espontâneas são diferentes da estrutura conceitual e da lógica usada na definição científica desses conceitos. O conhecimento proveniente das pesquisas em aprendizagem abalou a didática tradicional, que tinha como pressuposto que o aluno era uma *tabula rasa*, ou seja, não sabia nada sobre o conteúdo conceitual que a escola pretendia ensinar.

Aqui se apresenta outro tipo de contextualização dos conteúdos conceituais. Essa contextualização não está relacionada à sociedade como um todo, mas aos alunos que precisam aprender. É importante que o professor, ao iniciar uma nova sequência didática, leve em consideração o que os alunos já sabem e construa os novos saberes.

O conceito de contextualização na dimensão do conteúdo procedimental

Na nova visão de ensino proposta pelos documentos oficiais brasileiros, e também por muitos e importantes documentos internacionais (Unesco, 2009; OCDE, 2006; AAAS, 2010), não se aceita mais transmitir para as próximas gerações currículos 'fechados' compostos de conteúdos prontos e acabados. Desse modo, ensinar um dado conhecimento passou a incorporar a ideia de ensinar *sobre* esse conhecimento, isto é, ensinar o modo processual como este foi construído, pois o entendimento da natureza do conhecimento passou a ser um dos objetivos primários da educação (Nascimento e Carvalho, 2011; Carvalho e Sasseron, 2010).

A contextualização do conteúdo procedimental se dá quando o ensino é orientado de modo a levar os estudantes a construir o conteúdo conceitual participando do processo de construção. Cria-se nesse caso a oportunidade de levar os alunos a aprender a argumentar e a exercitar a razão, em vez de fornecer-lhes respostas definitivas ou impor-lhes pontos de vista, transmitindo uma visão fechada do conhecimento. No ensino das ciências, ao estudar os processos da construção do conhecimento científico na escola, Sasseron (2010) indicou algumas destrezas necessárias ao desenvolvimento científico dos alunos, as quais denominou indicadores da alfabetização científica. São eles: seriar, organizar e classificar informações, levantar e testar hipóteses, apresentar justificativas, fazer previsões e dar explicações.

Nos conteúdos procedimentais, é preciso diminuir a distância entre o professor ensinar e o aluno aprender. Essa distância vai se reduzindo à medida que o professor vai proporcionando mais *liberdade intelectual* aos seus alunos. Na medida em que ele abre suas aulas para os alunos pensarem e tomarem decisões, errando muitas vezes, mas acertando no final, com ou sem a ajuda do professor, o aluno vai aprendendo o processo de construção do conhecimento.

O conceito de contextualização na dimensão do conteúdo atitudinal

Entender o desenvolvimento do conteúdo a ser ensinado no aspecto atitudinal direciona o ensino para uma finalidade cultural mais ampla de cada uma das disciplinas, como, por exemplo, de que modo a aprendizagem desses conteúdos está relacionada com objetivos amplos como democracia e moral. Nós, professores, não estamos acostumados a fazer tais relações com nossos conteúdos, mas a aprendizagem moral, como aceitar o colega, ouvi-lo com respeito, são atitudes que precisam voltar ao dia a dia do convívio escolar. Estão também dentro do item de contextualização na dimensão atitudinal as atividades que levam os alunos à tomada de decisões fundamentadas e críticas sobre o desenvolvimento social. No ensino das ciências, são muito interessantes as atividades de discussões sociocientíficas (Trindade e Rezende, 2010; Brito e Sá, 2010) que levam os alunos a discutir os problemas científicos que estão ocorrendo na sociedade.

Pensar o ensino e planejar sequências didáticas é propor atividades de ensino que sejam importantes e facilitadoras na integração dos conteúdos conceituais, procedimentais e atitudinais. Em todas as atividades de ensino, os três tipos de conteúdos devem aparecer simultaneamente. Mesmo que em uma dada atividade sobressaia um dos conteúdos, por exemplo, o conteúdo procedimental, este não pode aparecer sem o conteúdo conceitual, pois não existe processo do nada. Em aulas de laboratório ou atividades com base na história e filosofia do conhecimento a ser ensinado, que permitem grandes discussões sobre o processo da construção do conhecimento, deve estar bem claro o conhecimento que está sendo construído (Carvalho e Sasseron, 2010; Nascimento e Carvalho, 2011). O inverso também é verdadeiro: nas aulas expositivas, quando o professor vai introduzir, desenvolver ou sistematizar um dado conhecimento – e nesse caso o viés conceitual é bem forte –, devem também estar presentes os processos e as atitudes.

4.2 Proposição de problemas para a observação nos estágios priorizando o conteúdo ensinado

Quando perguntamos a um estagiário qual o conteúdo dado pelo professor em suas aulas, quase sempre vem uma listagem de tópicos, muito parecida com o índice de um livro-texto. Criar condições para que esse estagiário observe com mais detalhes o processo de ensino e aprendizagem, focalizando em particular o conhecimento transmitido, permite que esse aluno, futuro professor, faça uma crítica fundamentada ao ensino tradicional. A teoria do item anterior abrange somente alguns pontos básicos, e é interessante sua complementação nas aulas de Didática Especial, Metodologia do Ensino ou em outras disciplinas correlatas dos cursos de licenciatura.

Observando as aulas teóricas

1º Problema

Assista a uma aula em que o professor vai iniciar um novo tópico (de preferência, grave uma de suas primeiras aulas do estágio de regência). Procure identificar nas falas do professor os três tipos de conteúdo propostos pelo PCN: conteúdos *conceitual, procedimental* e *atitudinal*.

Descreva, em suas anotações, como esses três tipos de conteúdos apareceram durante a aula, a partir de exemplos retirados da exposição do professor. Discuta com seus colegas estagiários suas observações e seus exemplos.

Em uma aula bem tradicional, os conteúdos procedimentais e atitudinais têm pouca probabilidade de aparecer. Entretanto, mesmo que apareçam, os estagiários têm dificuldade em discriminá-los. É preciso atenção e discussão com os colegas. Algumas perguntas podem ser feitas para auxiliar nessa análise: durante a aula, há situações que levam os estudantes a refletir sobre os conceitos estudados? O professor mostra como o conhecimento foi construído? (Por exemplo, no ensino de física, o professor destaca a relação entre o fenômeno e a expressão matemática que o representa?) Quantos conceitos em média foram apresentados na aula?

2º Problema

Nessa mesma aula, procure verificar como o professor buscou *contextualizar o conteúdo* a ser ensinado, relacionando-o com o desenvolvimento social, com os conhecimentos espontâneos dos alunos ou mesmo com a epistemologia do próprio conteúdo.

Para observar a contextualização dos conteúdos em relação aos conhecimentos prévios dos alunos, é importante verificar se o professor propôs atividades que proporcionassem discussão entre os alunos para ter indicações sobre esses conhecimentos prévios. Outra forma de conhecer o que os alunos já sabem ou ouviram falar sobre o assunto é fazer perguntas diretas à classe. Entretanto, nesse caso, é fundamental verificar dois pontos: se realmente os alunos respondem sem constrangimento o que pensam sobre o assunto e se o professor, ao organizar sua apresentação, leva em conta ou faz referências às falas dos alunos. Infelizmente, é mais comum do que desejaríamos o professor dar liberdade para que os alunos exponham o que já sabem, mas daí para a frente organizar sua aula sem a interação entre o conteúdo estruturado que deve ser ensinado e o conteúdo prévio com o qual os alunos entram na aula.

A contextualização em relação ao desenvolvimento social do próprio conteúdo é mais fácil; basta prestar atenção na exposição ou no conteúdo das questões que o professor faz em classe.

Observando as aulas de exercícios e/ou problemas

3º Problema

Analise o conteúdo dos exercícios ou problemas dados, segundo os critérios a seguir, e discuta se com essa lista de exercícios será possível, em aula, alcançar os conteúdos processuais e atitudinais (é também importante fazer essa análise nos exercícios da sequência didática de seu estágio de regência).

a) É fechado, isto é, tem uma só resposta, ou aberto, não tendo uma resposta padrão.
b) É aplicação direta de fórmulas ou requer algum raciocínio.
c) É apresentado antes um exercício padrão como modelo para os alunos seguirem.
d) Para resolvê-lo, basta o conhecimento adquirido recentemente ou inclui conhecimentos anteriores ou mesmo de outras disciplinas.

Essa é uma análise prévia à observação da aula propriamente dita. Essa análise pode proporcionar aos alunos estagiários a base para uma crítica fundamentada ao ensino tradicional e fazê-los pensar sobre a importância dos exercícios e/ou problemas abertos para a construção dos conhecimentos pelos alunos.

4º Problema

Assista a uma aula de exercícios em que o professor propõe a aplicação da teoria ensinada (de preferência, grave uma de suas aulas de exercícios do estágio de regência). Determine o *grau de liberdade* dado aos alunos.

Toda aplicação da teoria requer um processo de trabalho que, de uma forma ou de outra, está relacionado com o processo de construção do conhecimento dessa disciplina. Essas aulas de aplicação da teoria vão de um extremo, com exercícios de fixação, a outro, com problemas abertos em que são apresentadas situações do cotidiano para que os alunos resolvam (Carvalho e Gil-Perez, 2003). Entretanto, mesmo os exercícios de fixação pretendem que os alunos 'fixem' um dado procedimento, mas sabemos que é mais fácil decorar esse procedimento e não esquecê-lo quando é compreendido e vivenciado pelo aluno.

Para todas as disciplinas ensinadas na escola fundamental e média, podemos caracterizar alguns passos fundamentais no processo de resolução de um exercício e/ou problema aberto. Na área de ensino das ciências, podemos caracterizar esse procedimento propondo alguns passos fundamentais: (1) o entendimento do enunciado do problema; (2) a discussão das hipóteses, das possíveis teorias relacionadas, das fórmulas matemáticas aplicáveis etc.; (3) a resolução propriamente dita e (4) a análise dos resultados. Para cada um desses passos, podemos observar se é o professor que estrutura e indica para os alunos a solução ou se ele permite que os alunos pensem por si mesmos, não deixando, entretanto, de auxiliá-los quando necessário.

Assim, nas aulas de exercícios, podemos ter quatro graus de liberdade intelectual que o professor fornece a seus alunos, conforme a Tabela 4.1 a seguir.

O que se propõe nessa observação é verificar o grau de liberdade intelectual que o professor permite que seus alunos adquiram. Quanto maior esse grau, maior será o aprendizado dos alunos nos processos de construção do conhecimento científico.

Tabela 4.1 Graus de liberdade intelectual professor-alunos em uma aula de exercícios

	Grau 1 de liberdade	Grau 2 de liberdade	Grau 3 de liberdade	Grau 4 de liberdade
Entendimento do enunciado	Professor	Professor	Professor	Aluno
Discussão do problema	Professor	Aluno	Aluno	Aluno
Resolução	Aluno	Aluno	Aluno	Aluno
Análise dos resultados	Professor	Professor	Aluno	Aluno

Observando as aulas experimentais

> **5º Problema**
> Assista a uma aula experimental (de demonstração ou de laboratório) e analise essa aula em relação ao conteúdo conceitual desenvolvido e à sua posição dentro da sequência didática: início, meio ou fim (de preferência, grave e analise sua aula experimental do estágio de regência).

Em relação ao conteúdo: os conceitos e/ou leis fundamentais; em relação ao desenvolvimento da sequência didática: início, meio ou fim.

As aulas experimentais são muito importantes para as disciplinas científicas e normalmente são classificadas em aulas de demonstração, quando o professor, diante da classe, faz o experimento, e em aulas de laboratório, quando são os alunos, geralmente em pequenos grupos e com seus materiais experimentais, que obtêm os dados. Se em termos do desenvolvimento conceitual essas duas atividades são muito semelhantes, em termos de conteúdos processuais podem existir grandes diferenças, pois no laboratório os alunos podem ter maior liberdade de pensar, tomar decisões, errar e construir sobre seus erros. Entretanto, essas aulas de laboratório costumam levar muito mais tempo do que as de demonstração e, portanto, precisam ser bem planejadas, sendo escolhido para elas um conhecimento conceitual que intrinsecamente contenha processos científicos que possam ser desenvolvidos pelos alunos. Por esse motivo, é importante a análise do conteúdo conceitual proposto para essas aulas. Elas abrangem os principais conceitos e/ou leis da sequência didática?

Onde estão essas atividades experimentais dentro da sequência didática? No início, no meio ou no fim? Sua localização mostra muito das concepções de ensino e aprendizagem do professor. Uma atividade experimental no início da sequência didática mostra um professor preocupado com que seus alunos construam os conceitos principais que serão abordados. Essa atividade no final indica um professor que quer utilizar os experimentos para confirmar o que já foi exposto. Sua preocupação não é com os alunos, mas com o valor de sua exposição.

CAPÍTULO 4 Observações Priorizando o Conteúdo Ensinado

6º Problema

Assista a uma aula experimental – laboratório ou demonstração – e determine o *grau de liberdade* oferecido pelo professor aos alunos (de preferência, grave e analise sua aula experimental do estágio de regência).

Nas aulas experimentais, sejam de demonstração ou de laboratório, um dos objetivos principais a serem alcançados, além do ensino do conteúdo conceitual intrínseco ao experimento – o conceito ou a lei –, é ensinar o conhecimento processual da ciência. Se for para os alunos conhecerem só o fenômeno, sem a discussão conceitual ou legal, é mais fácil e mais rápido recorrer a um vídeo do que preparar todos os arranjos experimentais necessários para essas aulas. Desse modo, é importante observar quem – professor ou alunos – raciocina e toma decisões sobre o processo da construção do conhecimento a ser ensinado. Deve-se observar se o professor é o expositor ou o condutor do conhecimento produzido.

Existem inúmeros modos de produção do conhecimento científico, mas todos obedecem a etapas definidas. Citaremos um dos modos de produção com as seguintes etapas: (1) o problema a ser pesquisado; (2) as hipóteses levantadas para a solução; (3) a elaboração do plano de trabalho; (4) a obtenção dos dados e (5) as conclusões. A partir dessas etapas, podemos estabelecer cinco graus de liberdade, como mostra a Tabela 4.2 a seguir.

Tabela 4.2 Graus de liberdade professor/aluno em aulas experimentais

	Grau I	Grau II	Grau III	Grau IV	Grau V
Problema	P	P	P	P	A
Hipóteses	P	P	P	A	A
Plano de trabalho	P	P	A	A	A
Obtenção de dados	A	A	A	A	A
Conclusões	P	A	A	A	A

O grau I de liberdade, quando o aluno só tem a liberdade intelectual de obter os dados, caracteriza bem a aula do tipo 'receita de cozinha'. O problema, as hipóteses, o plano de trabalho e as próprias conclusões sobre os dados a serem obtidos já estão propostos. Essas aulas são muito mais comuns do que desejaríamos e são encontradas até hoje em nossas escolas e em nossos manuais de laboratório.

No entanto, o que encontramos em muitos manuais seria um grau zero, pois o problema e as hipóteses sequer são apresentados nos textos, que descrevem a proposta teórica do experimento e passam diretamente (sem definir o problema e sem a discussão das hipóteses de trabalho) para o plano de trabalho que os alunos devem executar. Nesse caso, as conclusões já estão dadas – deve-se provar que a teoria está certa. Parece-nos lógico, que, nesse contexto, os alunos 'cozinhem' os dados. Os processos que realmente os alunos aprendem em anos desse tipo de aulas de laboratório são como dividir tarefas entre os participantes do grupo de trabalho e como 'cozinhar' dados para alcançar os resultados esperados e tirar boas notas (Carvalho, 2010).

Analisando o material didático e observando as aulas em que a história e a filosofia do conteúdo são utilizadas no ensino

> **7º Problema**
> Antes de observar a aula em que serão trabalhadas a história e a filosofia do conhecimento, procure conhecer o material didático (livro, apostila, site etc.) que o professor utiliza para a preparação dessas aulas. Como os aspectos da história e filosofia da ciência são apresentados nesse material didático?

Muitos livros-texto tradicionais, em relação à história e à filosofia do conhecimento, só fazem referências a dados bibliográficos e a anedotários dos grandes personagens. Assim, quase todos os livros de ensino de física apresentam, por exemplo, a bibliografia de Newton e o episódio da queda da maçã, trazendo para os alunos uma visão distorcida do trabalho científico. Desse modo, é importante que os estagiários façam uma análise prévia do material instrucional, com o objetivo de verificar se as atividades de história e filosofia estão criando condições para que os alunos percebam a construção do conhecimento como:

- uma construção histórica, humana, viva e, portanto, caracterizada como proposições feitas pelo homem ao interpretar o mundo a partir do seu olhar imerso em seu contexto sócio--histórico-cultural;
- aberta, isto é, sujeita a mudanças e reformulações;
- guiada por paradigmas que influenciam a observação e interpretação de certo fenômeno;
- não pontual, sendo um dos objetivos da ciência criar interações e relações entre teorias.

> **8º Problema**
> Assista a uma aula em que é trabalhada uma atividade de história e filosofia do conhecimento. Observe se o professor discute com os alunos alguns dos aspectos internos e/ou externos do trabalho científico (ou da produção desse conhecimento).

As atividades de história e filosofia das ciências têm como um de seus objetivos, se não o principal deles, promover a enculturação científica entre os estudantes, ajudando-os a compreender de que modo se organiza uma cultura tão diferente da cotidiana. O papel do professor em sala de aula caracteriza-se, então, por ser o de mediador entre as duas culturas e, portanto, com a responsabilidade de ajudar seus alunos a transpor as fronteiras entre a cultura cotidiana e a científica (Carvalho, 2010; Nascimento e Carvalho, 2011). Nessa passagem da cultura cotidiana para a cultura científica, é preciso que o professor saliente e valorize:

- os processos internos do trabalho científico, como os problemas abordados, a importância dos experimentos, a linguagem científica e suas formas de argumentação, o formalismo matemático, a evolução dos conhecimentos (crises, controvérsias e mudanças internas);

- os aspectos externos como: o caráter coletivo do trabalho científico, as implicações sociais da ciência (CTS) e o relacionamento com as mudanças ambientais (CTSA).

Analisando o material didático e observando as aulas em que são utilizadas as TICs – tecnologias de informação e comunicação – para ensinar conteúdos programáticos

As TICs fazem parte atualmente do dia a dia da sala de aula. Não encontramos mais escolas que não tenham uma sala de computadores nem professores que ainda usem retroprojetor em suas classes. Hoje a tecnologia domina as aulas e, quanto melhor o professor souber utilizá-las, integrando-as no desenvolvimento de seu curso, mais ele terá o apoio de alunos e do corpo diretivo da escola. É muito importante conhecer e utilizar sites que se relacionam com o conteúdo que está sendo ensinado e saber usá-los de maneira não reducionista. Propomos alguns problemas para a observação da utilização de diversas ferramentas tecnológicas no ensino presencial em uma sala de aula, pois não estamos falando de cursos a distância nem semipresenciais.

9º Problema

Observe a aula de um professor quando ele utiliza o PowerPoint para a aula teórica. Como estão construídos os slides? Contêm figuras e/ou animações ou são as velhas transparências em outro formato? Qual é o comportamento da maioria dos alunos? Essa apresentação deu ensejo à interação professor/aluno? (De preferência, grave e analise sua aula do estágio de regência).

As novas tecnologias são importantes, mas não podem ser 'vinho velho em garrafas novas'. A confecção de uma apresentação em PowerPoint requer também inovação da apresentação, pois o recurso permite a introdução de figuras originais e que contenham movimento. Podem-se trazer com essa tecnologia telas de artistas famosos, trechos de vídeos, experiências em laboratórios científicos etc. Só não pode ser a mesma coisa que uma aula comum no escurinho. Nesse caso, fica mais fácil dormir!

10º Problema

Observe como o professor utiliza programas computacionais para o desenvolvimento do conteúdo programático. Observe com atenção o comportamento dos estudantes durante essas aulas. Discuta essa utilização com o professor e com seus colegas estagiários (de preferência, grave e analise sua aula do estágio de regência).

Existem inúmeros programas computacionais que podem auxiliar os professores no desenvolvimento de suas aulas, ajudando os alunos no entendimento de novos conceitos e mesmo servindo de ferramentas para a obtenção de novas linguagens. Um exemplo muito comum, mas de grande ajuda aos alunos, são os programas de elaboração de gráficos utilizados pelos professores de física nos laboratórios. Além de os alunos aprenderem os conceitos físicos, eles se tornam hábeis na manipulação e entendimento de gráficos – linguagem muito importante para a vida atual.

11º Problema

É bastante comum os professores mandarem os alunos fazerem pesquisas em sites para os trabalhos em casa. Observe as indicações que o professor ofereceu aos alunos para essa consulta. Observe também como são corrigidos e discutidos esses trabalhos. Converse com os alunos para saber como os trabalhos são feitos (de preferência, grave e analise sua aula do estágio de regência).

É importante saber pesquisar na internet, e faz parte do papel do professor indicar os principais sites referentes à sua disciplina. Entretanto, é também fundamental ensinar os alunos a distinguir os sites realmente interessantes daqueles que não apresentam valor e, principalmente, é preciso ensinar a sintetizar as informações colhidas e que realmente estão relacionadas com o que se está estudando, do total das informações contidas no site. O 'copiar e colar' está hoje se tornando um problema real do ensino o qual deve ser enfrentado por todos os professores da escola e discutido pelos alunos em formação.

CAPÍTULO 5
Observações Priorizando as Habilidades de Ensino do Professor

5.1 Um pouco de teoria

O Capítulo 3 foi estruturado para enfocar a relação professor-aluno de uma forma geral, com o intuito de levar o estagiário a observar essa relação fazendo uma crítica fundamentada ao ensino tradicional. Os problemas daquele capítulo procuraram levar os estagiários a observar com profundidade como os professores faziam perguntas, como os alunos respondiam, como era essa interação, se os alunos tinham ou não liberdade de fazer perguntas ao professor, como este respondia ao aluno etc. Era uma observação geral e necessária das interações sociais em sala de aula.

Neste presente capítulo, vamos novamente nos deter na observação do professor, mas agora com enfoque em algumas de suas habilidades de ensino, as quais ajudam os alunos a construir seus próprios conhecimentos, pois as mudanças de enfoque no ensino somente se tornarão realidade se o papel do professor em sala de aula for também modificado, assumindo uma série de novos discursos e novas habilidades além das tradicionais.

Não é fácil fazer os alunos participarem da aula por dois motivos. O primeiro é o costume, principalmente no ensino médio, de os alunos esperarem a resposta do professor, pois eles já aprenderam que é preciso ficar quieto, escutar o professor e só falar quando ele manda e, principalmente, o que ele quer ouvir. É este comportamento que a escola ensinou durante muitos anos, e agora é difícil também para os alunos essa nova proposta de interação. O segundo motivo é que é muito mais fácil ouvir do que pensar! Os alunos acostumados a ouvir as respostas acham muito trabalhoso pensar. Essa é a diferença entre os alunos do grau médio e os das primeiras séries do ensino fundamental. Estes últimos buscam a participação, falam, perguntam, pedem explicações do que veem em outros ambientes além da sala de aula. Quem trabalha nessas duas etapas sente, com tristeza, essa diferença. Como a escola ensina o que não queremos! O fenômeno de os alunos falarem cada vez menos, ao alcançar maiores níveis de escolaridade, não é somente brasileiro. Grandy e Duschl (2007) mostram que os estudantes nos primeiros anos escolares fazem questões, que não necessariamente são científicas, e os autores observaram que, em muitos ambientes de sala de aula, em vez de os alunos aprenderem a fazer questões científicas, eles simplesmente param de questionar.

São muitas as novas habilidades exigidas dos professores, desde as mais simples, como a habilidade de ouvir os alunos, às mais complexas, como a habilidade de fazer com que os alunos argumentem cientificamente ou a habilidade de transformar a linguagem cotidiana em linguagem científica.

As características dessas novas habilidades surgiram das pesquisas em sala de aula, quando os autores se detinham nas análises do trabalho do professor.

A *habilidade de levar os alunos a argumentar* é a principal nesse contexto de ensino, pois é pela exposição argumentativa de suas ideias que os alunos constroem as explicações dos fenômenos estudados e desenvolvem o pensamento operacional.

A argumentação, como gênero discursivo da cultura científica, vem recebendo atenção dos pesquisadores da área de ensino, principalmente na de ciências, já há algum tempo (Jiménez-Aleixandre et al.,1998; Candela, 1998; Capecchi et al., 2007; Villani e Nascimento, 2008; Sasseron e Carvalho, 2009). Acreditamos, entretanto, que essas pesquisas, feitas na área do ensino de ciências, possam ser generalizadas para o ensino das outras disciplinas escolares.

Entretanto, ensinar os alunos a argumentar não é uma tarefa fácil e requer do professor muitas outras habilidades. Para que o processo argumentativo entre os alunos ocorra, os estudantes precisam ter oportunidade de expor suas ideias em sala de aula e, para isso, o professor precisa criar um ambiente encorajador de forma que os alunos adquiram segurança e envolvimento com as práticas científicas. É na interação entre professor e alunos que estes tomam consciência de suas próprias ideias e têm também oportunidade de ensaiar o uso de uma linguagem adequada ao tratamento científico da natureza (Carvalho, 2007). Isso significa que, para levar os alunos a argumentar, o professor precisa ter as habilidades de: fazer pequenas e precisas questões, ouvir os alunos, considerar a importância do erro no processo de aprendizagem e utilizar as ideias dos alunos para a sua síntese.

A *habilidade de fazer pequenas e precisas questões* é essencial para o desenvolvimento da argumentação dos alunos, pois sozinhos é muito difícil que construam todo o arcabouço de relações que caracterizam uma argumentação científica[1]. Assim, é necessário que o professor, por meio de pequenas questões, leve os alunos a: ponderar sobre o poder explicativo de cada afirmação, reconhecer afirmações contraditórias, identificar evidências e integrar diferentes afirmações através da ponderação de tais evidências (Sasseron e Carvalho, 2011).

Outra habilidade importante para um ensino por investigação, e incomum no ensino tradicional, é a *habilidade do professor de ouvir seus alunos*. Quando se propõe um ensino em que os alunos devem se envolver com as propostas, pensando em encontrar soluções para problemas e construir relações entre as ideias discutidas, é preciso dar

---

[1] Toulmin (2006) apresenta um esquema que representa o padrão de argumento científico:

"Dado" ⟶ ENTÃO ⟶ "Qualificador" ⟶ "Conclusão"

Desde que a "Justificativa"

Considerando que o "Conhecimento básico"

A menos que exista uma "Refutação"

voz aos alunos e, portanto, é preciso escutá-los. Sendo assim, torna-se importante não só fazer as perguntas, mas também estar atento às colocações que eles trazem em resposta às questões do professor. É preciso não ter pressa de chegar logo à resposta mais adequada, deixando que as ideias de um sejam complementadas pelas dos outros, mesmo que nesses momentos haja depoimentos repetitivos.

Essa é uma habilidade importante e muito difícil. Mais difícil do que fazer perguntas. Os professores não foram treinados para isso e se afligem em não dar a resposta certa imediatamente. Entretanto, se fornecerem a resposta correta sem permitir que os alunos pensem por si mesmos, o estudante é levado a não pensar mais (pensar é difícil!) e a pedir sempre as explicações, em vez de construir as suas próprias. Ou pior, corre-se o risco de ensinar aos alunos que não vale a pena discutir, mas apenas dar a resposta certa, e aqueles que desconhecem a resposta certa aprendem que o silêncio é a melhor alternativa. É importante o professor aprender a não adiantar o raciocínio, a não dar a resposta e a criar em seus alunos a obrigação, a necessidade e a vontade de pensar. Muitas vezes, numa discussão coletiva, as respostas dos alunos são repetitivas e, com isso, pode-se achar que o aluno entendeu a fala do colega, se sentiu satisfeito com a explicação e aprendeu. Porém, a estruturação de sua própria fala é importante para a estruturação de seu pensamento e, consequentemente, de sua aprendizagem. Trata-se de uma valiosa oportunidade para o aluno se organizar mentalmente e relatar suas ações, pesquisas, dúvidas e entendimentos.

Outra habilidade que faz uma diferença importante entre o ensino tradicional e o ensino em que se propõe criar um ambiente no qual os alunos participem da construção do conhecimento é a conscientização pelos professores de que o erro também ensina. E, às vezes, ensina mais que o acerto. Assim, é preciso também ressaltar a *habilidade do professor de considerar a importância do erro no processo de aprendizagem*.

Durante a apresentação de suas argumentações, muitas vezes um aluno expõe seu pensamento sem obter o resultado esperado, fornecendo explicações totalmente erradas. Em vez de considerar esses erros como um fracasso na argumentação ou na resolução de um determinado

CAPÍTULO 5   Observações Priorizando as Habilidades de Ensino do Professor

problema, o professor deve encará-los como a possibilidade de o aluno estabelecer uma compreensão muito maior do fenômeno estudado. Nesse momento, uma palavra de encorajamento e questões abertas para que o aluno explicite o seu raciocínio o levará a testar novas hipóteses e a pensar em novas possibilidades. O papel do erro como parte do processo de construção do conhecimento não é só importante na escola, para os alunos; ele foi e ainda é muito importante na ciência. Koyré (1982, p. 13), em sua obra *Estudos de história do pensamento científico,* escreve:

> Os erros de um Descartes e de um Galileu, os fracassos de um Boyle e de um Hook, não são apenas instrutivos; são reveladores das dificuldades que tiveram de ser vencidas, dos obstáculos que tiveram de ser transpostos.

A conscientização de que o erro também ensina faz com que o professor tenha mais compreensão do trabalho dos alunos e o leva a não apressá-los na resolução dos problemas em classe.

A *habilidade de utilizar as ideias dos alunos para a sua síntese* é essencial no ensino de um conteúdo específico, pois, se de um lado não podemos fazer os alunos falarem e depois simplesmente expor o conteúdo sem levar em conta o que disseram, de outro, quando trabalhamos com as ideias dos alunos para construir explicações em sala de aula, uma síntese ou um consenso da turma é necessário. E saber utilizá-las para essa síntese cria na classe um clima afetivo muito positivo.

Considerar o papel da argumentação como ferramenta de ensino reforça a necessidade de o professor dedicar especial atenção às linguagens empregadas pelos alunos durante as discussões em sala de aula. Como destaca Lemke (1990, p. 105):

> ... ao ensinar ciência, ou qualquer matéria, não queremos que os alunos simplesmente repitam as palavras como papagaios. Queremos que sejam capazes de construir significados essenciais com suas próprias palavras (...) mas estas devem expressar os mesmos significados essenciais se hão de ser cientificamente aceitáveis.

E essa transformação, da palavra que os alunos trazem para a sala de aula, com significados cotidianos, para a construção de significados aceitos pela comunidade científica, que precisa ser feita com a ajuda do professor, é o que denominamos *habilidade de transformar a linguagem cotidiana dos alunos em linguagem científica*. Essa também é uma habilidade nova, uma vez que o professor no ensino tradicional estava acostumado a expor os novos conceitos para que os alunos decorassem ou, como diz Lemke, "repetissem as palavras como papagaios".

Essa habilidade requer, na interação com a classe, muito cuidado do professor, pois os alunos, ao se expressarem, o fazem de maneira não científica e não se deve reprimi-los. Essa passagem precisa ser feita com naturalidade para que os alunos não se sintam oprimidos e parem de participar do debate. Assim, a *habilidade de aceitar as ideias dos alunos* aqui também é muito necessária, pois é preciso trabalhar essas ideias fazendo os alunos ponderarem sobre o poder explicativo de cada afirmação.

Outra habilidade fundamental, principalmente para o ensino das disciplinas em que se trabalha com mais de uma linguagem (como a história e a geografia, que utilizam mapas; a biologia, com fotos e figuras, e as disciplinas científicas de um modo geral, com tabelas, gráficos e equações), é a *habilidade de introduzir os alunos nos diferentes modos de comunicação*.

O professor se comunica com seus alunos não só pela linguagem verbal. Quando ele fala para a classe, a linguagem verbal vem acompanhada de gestos e expressões faciais. O mesmo acontece com os textos escritos: a linguagem escrita vem sempre acompanhada de desenhos, figuras, mapas, tabelas e gráficos. Portanto, temos de prestar atenção nas outras linguagens, uma vez que somente as linguagens oral e escrita não são suficientes para comunicar o conhecimento que o professor quer ensinar aos alunos. Temos de integrar, de maneira coerente, todas as linguagens, introduzindo os alunos nos diferentes modos de comunicação que cada uma das disciplinas utiliza, além da linguagem verbal, para a construção de seu conhecimento. Um aluno de geografia tem de aprender a ler os mapas, um aluno de ciências deve entender e dar significado a uma tabela ou um gráfico, um aluno de física tem de saber se expressar matematicamente etc. Sem dominar essas outras linguagens, esses outros modos de comunicação, não se dominam os conteúdos específicos de cada uma das disciplinas.

Para discutirmos a habilidade do professor de introduzir os alunos nos diferentes modos de comunicação, temos de apresentar dois conceitos que são de grande importância para clarificar o papel do professor quando este trabalha com mais de uma linguagem durante o ensino. São os conceitos de *cooperar* e *especializar*, os quais definimos a seguir:

- *cooperar*: quando duas ou mais linguagens atribuem um mesmo significado a um conceito ou fenômeno, realizando funções semelhantes. Por exemplo, ao dizer que a temperatura de um gráfico aumentou linearmente, o professor pode usar, ao mesmo tempo, um gesto que represente a curva do gráfico ou apontar diretamente o local do gráfico que mostra o aumento da temperatura. Deste modo, a fala, o gesto e a curva são usados de forma cooperativa para expressar a mesma ideia (Carmo, 2006; Carmo e Carvalho, 2009a);
- *especializar*: quando duas ou mais linguagens atribuem um significado a um conceito ou fenômeno, realizando funções distintas. Por exemplo, quando o professor explica a variação de uma entidade em um gráfico, pode usar a fala para explicitar um aumento ou um decrescimento, enquanto a curva pode mostrar como se deu a variação – linear, exponencial, logarítmica etc. Assim, essas duas linguagens são usadas de forma especializada para a construção do significado (Carmo, 2006; Carmo e Carvalho, 2009b).

Com isso, utilizam-se diferentes linguagens para introduzir os alunos no mundo dos conhecimentos já construídos pela humanidade, os quais a escola tem a obrigação de passar para as novas gerações. Em suas aulas, o professor deve ter a habilidade de integrar discurso verbal, expressões matemáticas, representações gráficas e visuais e, nesse processo de ensino, criar um ambiente tal que o aluno, pouco a pouco, vá também construindo seus significados com as diferentes linguagens.

A importância da habilidade que o professor deve ter em sua comunicação para integrar todas as diferentes linguagens deriva do fato de que, se para os cientistas um gráfico ou uma fórmula é praticamente o próprio fenômeno em discussão, para os estudantes são mais linguagens a serem decodificadas e que, se não forem explicitamente relacionadas com um fenômeno, tornam-se apenas mais um formalismo a ser decorado, desprovido de sentido (Roth, 2003).

Esse fato é muito comum no ensino formal, em que o conteúdo das disciplinas muitas vezes é reduzido apenas ao tratamento operacional dos mapas, dos gráficos ou das fórmulas matemáticas, sem considerar suas origens e processos de construção. A compreensão dos alunos sobre as vantagens e limitações das diversas linguagens para a construção de significados dentro das culturas de produção de conhecimento é o que faz a diferença no aprendizado. E na verdade queremos, com o nosso ensino, formar cidadãos que, ao ler um jornal, saibam ler também as tabelas e os gráficos e entender o conteúdo que a reportagem quer transmitir. Essa aprendizagem deve ser realizada na escola.

5.2 Proposição de problemas para a observação nos estágios das habilidades de ensino do professor

Um bom professor deve gostar de dar aulas, dominar teoricamente o conteúdo a ser ensinado, ter um bom relacionamento com seus alunos, mas precisa também dominar as habilidades de ensino. Estas não são naturais para a maioria dos professores, devendo ser aprendidas, isto é, compreendidas teoricamente e treinadas no dia a dia do ensino em sala de aula.

Assim, nossa proposta de observação das habilidades de ensino é que seja feita pelo estagiário em suas próprias aulas, se ele já for professor, ou nas aulas de seu estágio de regência, sempre a partir da gravação de algumas de suas aulas. Além disso, seria muito proveitoso

CAPÍTULO 5   Observações Priorizando as Habilidades de Ensino do Professor

se essas gravações fossem discutidas em conjunto com outros estagiários, com a finalidade de analisar os comportamentos observados sob vários pontos de vista. Quando as observações não forem de suas próprias aulas, mas sim de professores da escola, só faça gravação com a autorização por escrito do professor e da escola. Gravar sem permissão é algo muito sério!

Vamos, mais uma vez, ressaltar que as habilidades de ensino não aparecem separadamente, mas, ao contrário, se complementam para alcançar o objetivo principal do ensino, que é criar condições, em sala de aula, para os alunos argumentarem cientificamente e reconstruírem os conhecimentos nos três aspectos anteriormente discutidos: conceituais, processuais e atitudinais.

Observando as habilidades básicas para criar um ambiente de ensino construtivo: habilidades de ouvir os alunos, considerar a importância do erro no processo de aprendizagem e utilizar as ideias dos alunos para sua síntese

1º Problema

Observe com atenção quando o professor está introduzindo um novo conceito, principalmente quando ele procura contextualizar um novo conhecimento a partir do que os alunos já conhecem. Procure observar as questões feitas pelo professor, o comportamento dele quando os alunos estão falando e como ele finaliza o novo conceito. (Grave sua própria aula para poder se observar nas gravações.)

É importante observar o professor quando os alunos falam, pois ele tanto pode prestar atenção como utilizar esse tempo para fazer outras coisas, como arrumar a mesa ou apagar a lousa. São atitudes que mostram o valor que ele dá aos conhecimentos dos alunos e que os fazem gostar ou não de um professor, continuar a participar da aula ou se calar. Além disso, apontam os 'queridinhos' do professor: quando eles falam, o professor presta atenção. Liste, pondo um sinal positivo ou negativo nas atitudes do professor enquanto os alunos participam.

Observe o comportamento do professor quando um aluno expõe uma ideia inesperada, mas dentro do contexto da aula. O professor procura entender a nova ideia ou simplesmente a ignora? Transforma as dúvidas em novos exemplos? Ou explica tudo novamente com as mesmas palavras, caçoa ou ridiculariza o aluno? Como você analisa esses comportamentos do professor?

2º Problema

Observe agora uma aula de exercícios ou de correção de exercícios feitos fora da sala de aula. Preste atenção na participação do professor em termos das três habilidades fundamentais: ouvir os alunos, considerar a importância do erro no processo de aprendizagem e utilizar as ideias dos alunos para sua síntese.

Observação: muitas vezes os alunos fazem os exercícios em grupo. Nesse caso, siga o professor, observando sua interação com os diferentes grupos.

O interessante dessa observação é o estagiário poder estabelecer uma relação entre os graus de liberdade com que o professor planejou sua aula (Parte 2, Capítulo 4) e o comportamento dele durante essa aula. Discuta com seus colegas essa relação, pois ela mostra a real liberdade intelectual que o professor permite aos alunos.

Observando a habilidade de transformar a linguagem cotidiana dos alunos em linguagem científica

3º Problema

Escolha outras situações semelhantes às dos problemas 1 e 2. Analise agora as participações do professor quando ele responde aos alunos, sistematiza ou faz novas questões. Preste atenção no trabalho do professor ao introduzir as novas palavras a partir daquelas que os alunos trazem para as discussões. Discuta com seus colegas estagiários essas situações. (Se você gravou suas próprias aulas para os problemas 1 e 2, reveja agora as

CAPÍTULO 5   Observações Priorizando as Habilidades de Ensino do Professor

gravações feitas prestando atenção na introdução dos novos conceitos, das novas palavras.)

As palavras cotidianas dos alunos aparecem sempre quando eles são inquiridos, porém mais fortemente quando falam sobre os contextos que lhes são familiares. Assim, quando no início de algum tema o professor faz questões de sondagem, ou na discussão de um problema, é bem possível que surjam palavras cotidianas, com significados científicos precisos, ou palavras diferentes, mas com o significado da palavra científica que o professor quer introduzir para definir o novo conceito. Nesses casos, é preciso que o professor intervenha, mostrando ou perguntando sobre o significado das palavras.

Discuta essas situações com seus colegas estagiários.

Observando a habilidade de introduzir os alunos nos diferentes modos de comunicação

4º Problema

Observe a parte da aula em que o professor está analisando uma tabela, um desenho, um mapa ou um gráfico. Procure determinar se existe cooperação entre a linguagem verbal do professor e sua linguagem gestual sobre o mapa e/ou a tabela.

Os alunos estão aprendendo a nova linguagem científica – mapas e tabelas –, portanto é preciso que o professor, utilizando-se de gestos, faça a cooperação entre a linguagem verbal e a linguagem expressa pelo mapa ou pela tabela.

5º Problema

Observe ainda uma aula em que professor e alunos trabalham com desenhos, tabelas, mapas ou gráficos. Procure analisar agora as questões feitas pelo professor. Elas procuram incitar os alunos a perceber a especialização da linguagem expressa pelos desenhos, tabelas, mapas ou gráficos?

Se a humanidade precisou de outras linguagens para se expressar cientificamente, é porque somente a linguagem verbal não dava conta de todos os conceitos e, principalmente, de todas as relações entre os conceitos. É preciso que os alunos percebam essa diferença e sintam a necessidade dessas novas linguagens. É papel do professor mostrar as especializações que essas novas formas de linguagens são capazes de alcançar.

A linguagem gráfica é utilizada em quase todas as disciplinas, e saber ler um gráfico é condição de cidadania. Os gráficos representam fenômenos das ciências naturais ou sociais, portanto, todos os professores dessas disciplinas têm a obrigação de ensinar seus alunos, pela cooperação entre as linguagens e pela especialização da linguagem gráfica, a enxergar o fenômeno que estão estudando por meio do gráfico.

Observando a habilidade de levar os alunos a argumentar

Levar os alunos a argumentar é fazer com que eles falem sobre o conteúdo ensinado, relacionando os dados – de uma experiência, de um texto lido ou de um problema aberto – com as conclusões, apresentando em suas falas as justificativas para essas conclusões. Essa é talvez a habilidade de ensino mais difícil de ser encontrada em sala de aula, pois, na verdade, ela representa o somatório de muitas outras habilidades, como a de fazer pequenas e precisas questões, a de ouvir os alunos e, principalmente, a de utilizar, de maneira construtiva, suas ideias.

6º Problema

Observe alguns momentos de discussão entre professor e alunos, principalmente após uma atividade, como uma experiência, uma leitura de texto, um problema aberto. Relacione as questões propostas pelo professor com o envolvimento intelectual dos alunos e a construção do conhecimento por parte deles.

CAPÍTULO 6
Observações do Processo de Avaliação

6.1 Um pouco de teoria

A avaliação da aprendizagem é o ponto nevrálgico das mudanças educacionais propostas desde os últimos anos do século anterior, pois ela modifica muito os valores e a posição do professor em sala de aula, tirando-lhe uma arma que era utilizada contra o mau comportamento dos alunos. Colocar novamente a avaliação em seu contexto real, isto é, como um instrumento destinado a mostrar o quanto o aluno se desenvolveu na aprendizagem, e não para conceder poder ao professor, foi e ainda está sendo a maior barreira nas mudanças propostas pelos órgãos oficiais brasileiros.

Outra mudança no entendimento do que é uma avaliação da aprendizagem é a ênfase na avaliação formativa, em detrimento da avaliação somativa. Em outras palavras: os professores estavam acostumados a *medir a aprendizagem* dos alunos somente por uma prova classificatória, organizada, quase sempre no fim de um bimestre letivo (avaliação somativa). A proposta atual é que, além da prova bimestral, sejam organizadas também pequenas avaliações que têm como objetivo mostrar ao professor, e também aos próprios alunos, o quanto o estudante está se desenvolvendo intelectualmente (avaliação formativa ou emancipatória [Abib, 2010]). E no processo final de avaliação, a avaliação formativa deve ter o mesmo valor que a somativa, sendo importante respeitar a capacidade de cada aluno. E essa é uma atitude difícil para os professores.

Superado esse obstáculo, estando o professor consciente da necessidade de avaliações formativas, outra dificuldade que se apresenta é a preparação de instrumentos de avaliação adequados, dentro de cada sequência de ensino, que deem a possibilidade aos professores de avaliar como os alunos estão evoluindo. Essas avaliações formativas também permitem ao professor verificar onde surgem os problemas de aprendizagem de seus alunos, servindo então de instrumento de autoavaliação do trabalho pedagógico do professor.

Essa discussão de como introduzir pequenas avaliações formativas durante o ensino dos conteúdos escolares deve ser feita em todos os cursos de formação inicial e continuada de professores e deve ser acompanhada de muitos exemplos, em vários conteúdos (conceituais, processuais e atitudinais), de tal forma que o professor se torne hábil em elaborar esses instrumentos.

Se no ensino a ampliação do conceito de conteúdo específico para conteúdos conceituais, processuais e atitudinais foi uma mudança fundamental para a renovação curricular, na avaliação essa mudança também tem de ser buscada. É necessário construir instrumentos que indiquem a aprendizagem nesses três campos do conteúdo. A coerência entre o que se ensina e o que se avalia deve ser percebida pelos alunos, pois eles, por mais que não queiramos, só dão valor ao que é avaliado. Além disso, a contextualização e a interdisciplinaridade dos conceitos também precisam aparecer nos instrumentos de avaliação.

Os professores estão sempre muito pressionados pelas avaliações externas: Prova Brasil, Enem, Saresp, Pisa, vestibulares etc. São avaliações externas, somativas, com o objetivo de classificar os alunos, as escolas, os países e, por isso mesmo, com grande repercussão social. Podemos discutir a influência dessas avaliações externas sobre o cotidiano do professor sob dois pontos de vista conflitantes. Em primeiro lugar, elas exercem uma influência positiva, pois, sendo provas elaboradas a partir de matrizes de acordo com os documentos oficiais propostos, têm por objetivo medir os conteúdos em suas três dimensões – conceituais, processuais e atitudinais –, além de dar bastante visibilidade aos conceitos de contextualização e interdisciplinaridade. Por outro lado, elas exercem influência bastante negativa quando o ensino passa a ter como objetivo o desempenho nas provas e não o desenvolvimento intelectual dos alunos. Seria então uma inversão de valores: o ensino dirigido para uma avaliação e não uma avaliação de um bom ensino!

Apesar de não fazerem parte da tradicional discussão sobre avaliação da aprendizagem, temos outros pontos interessantes a apresentar quando esse tema está no contexto da formação inicial ou continuada de professores. Um deles é o papel dos pré-conceitos ou conceitos espontâneos que nós, professores, temos sobre os alunos que merecem ser mais bem avaliados. Os professores em geral têm uma tendência de avaliar diferentemente as provas dos estudantes, dando melhores 'notas' aos alunos de quem eles gostam, que julgam que estudam ou que consideram mais inteligentes. Esse comportamento logo é percebido pelos alunos, dificultando a interação professor-classe. Deve-se ter muito cuidado no processo avaliativo dos alunos, pois esse é um ponto muito sensível. Quando pesquisamos os incidentes críticos que surgem em sala de aula (Moreira e Carvalho, 2002; Oliveira, 2005), detectamos que grande parte desses incidentes, com conotações negativas na interação entre professor e alunos, era mais frequente nos momentos antes ou depois das avaliações. Isso reforça a certeza de que o processo avaliativo é um ponto de atrito entre professor e alunos e que deve ser organizado e tratado com muito cuidado pelo professor.

6.2 Proposição de problemas para a observação do processo de avaliação

Para observar o sistema de avaliação de um professor, é necessário muito mais que ler o projeto pedagógico da escola ou mesmo o planejamento da disciplina entregue na secretaria do colégio. Estes são documentos importantes, pois mostram as suas intenções pedagógicas. Essa análise já foi proposta na primeira parte deste livro. O que propomos neste capítulo é observar o processo da avaliação durante o desenrolar das aulas, os instrumentos utilizados para essas avaliações e o modo como os alunos reagem a esses instrumentos.

Observação de como o professor fala sobre a avaliação durante as aulas

1º Problema

Assista a uma sequência didática completa em uma sala de aula (é possível que você já tenha observado essas aulas para resolver os problemas dos capítulos anteriores). Nessas aulas, o professor utilizava a avaliação como 'moeda de troca' para disciplinar a classe – por exemplo, "fiquem quietos e prestem atenção porque isso vai cair na prova", "se vocês não pararem de conversar, vou dar uma prova" – ou como uma ameaça – por exemplo, "é bom lembrar que na próxima semana teremos uma prova"?

É bastante comum encontrarmos professores que utilizam a avaliação não para saber se os alunos aprenderam o conteúdo ensinado, mas como uma arma, um instrumento de poder sobre os alunos. Utilizar a avaliação para 'avaliar' os alunos é o primeiro passo para uma mudança didática do professor.

2º Problema

Faça uma lista dos instrumentos de avaliação utilizados pelo professor durante uma sequência didática ou durante um bimestre escolar. Quantos desses instrumentos são utilizados para dar 'notas' aos alunos e quantos são usados para que os alunos se autoavaliem, verificando o que aprenderam?

É importante o professor trabalhar com os dois tipos de avaliação: aquela que classificará o aluno, dando-lhe notas e mostrando-lhe, e à sociedade escolar, como ele se encontra em relação ao desenvolvimento da classe, e aquela que chamamos de emancipatória (Abib, 2010) e que, como a autora mostra, leva o aluno a pensar sobre "o que efetivamente estou aprendendo?", "que ideias estão obscuras para mim?".

3º Problema

Analise os instrumentos de avaliação utilizados pelo professor durante uma sequência didática ou um bimestre escolar. Existe coerência entre os conteúdos ensinados (conceituais, procedimentais e atitudinais) e os instrumentos de avaliação?

Uma das principais dificuldades encontradas pelos professores nessa nova didática proposta pelos documentos oficiais é a mudança nas formas de avaliação. É onde o professor se sente mais inseguro. Ele sabia avaliar os conteúdos conceituais, mas como elaborar um instrumento de avaliação que meça os conteúdos procedimentais? E os atitudinais? Realmente, isso requer um novo, mas necessário, aprendizado para o professor.

4º Problema

Analise as aulas após uma avaliação bastante negativa, isto é, quando quase toda a classe não acertou as questões propostas. Descreva o comportamento do professor e discuta esse problema com seus colegas estagiários.

Infelizmente, é bastante comum, e acontece com todos os professores, utilizar um instrumento de avaliação (prova, lista de exercícios, entendimento de um texto) em que a maioria dos alunos não consegue um bom resultado. O problema não é ter proposto esse instrumento de avaliação, mas como utilizá-lo para uma autoavaliação. O comportamento do professor pode variar em um *continuum* que vai de jogar toda a culpa sobre os alunos ("vocês não estudam nada", "não prestam atenção em minhas aulas") até começar tudo novamente. Nenhum desses dois extremos é válido, pois se os alunos não aprenderam, repetir tudo igual não vai adiantar nada. Uma discussão com a classe para saber onde está o problema de aprendizagem muitas vezes é difícil, mas é a melhor solução, e o professor aprende muito.

> **5º Problema**
> As escolas e os alunos estão sujeitos a várias avaliações externas nacionais (Prova Brasil, Enem, Saresp etc.) e internacionais (Pisa). Como o professor (ou você, futuro professor) lida com esse problema?

Aqui também o comportamento do professor pode variar em um *continuum* que vai de um extremo, em que o professor ignora totalmente as avaliações externas, até o outro, em que suas aulas passam a ser um treinamento para essas provas de avaliação. Nenhum dos dois extremos é válido. Os itens das avaliações externas podem (e devem) ser trabalhados em sala de aula, mas de uma maneira casual, não forçada, entrosada com o conteúdo das sequências didáticas. Utilizar itens das avaliações externas nas aulas dá validade ao seu ensino, pois transmite mais segurança aos alunos e mostra à sociedade escolar (direção e pais) que o professor está atento às avaliações externas.

PARTE 3
Estágios de Regência – Experiências Didáticas na Formação de Professores

CAPÍTULO 7
Os Estágios de Regência – Discussão

Há várias formas de estágios de regências, que vão desde a coparticipação junto com o professor da classe que recebe o estagiário até a regência autônoma, quando este é responsável por uma sequência de ensino – o que denominamos estágios de minicursos. Entretanto, todas as atividades de regência, ao fazer com que os estagiários enfrentem uma classe na função de professor, devem promover condições para que eles possam discutir sua atuação didática, avaliando sua própria prática sob os mesmos pontos de vista com que avaliaram o professor nos estágios de observação.

É preciso incentivar, sempre que possível, principalmente nos estágios de minicursos, o registro em vídeo ou em áudio, para que sirva de material de reflexão individual ou coletiva dos processos de ensino e de aprendizagem. Desse modo, os estágios de regência devem servir de experimentação didática para o aluno-estagiário, sendo então concebidos como um objeto de investigação, criando condições para que o aluno seja o pesquisador de sua própria prática pedagógica, testando as inovações e sendo um agente de mudança em potencial.

Existe um grande problema nas atividades de estágios de regência nas escolas da comunidade: essas devem ajudar e não interferir no trabalho do professor da classe. O estagiário não deve, nem pode, atrapalhar uma aula, sob o risco de não ser aceito pelo professor e por seus alunos. Quando os estagiários trabalham junto com um professor, nas atividades de coparticipação, não constatamos muitos problemas, mas encontramos resistência quanto à regência de classe, pois essas aulas, quase sempre, precisam ser reelaboradas, fazendo o professor perder um tempo precioso. Enfrentamos, nessas condições, um paradoxo: se o estagiário é "bom", isto é, apresenta características natas de um bom professor, ele tem condições de realizar um estágio eficiente; entretanto, os estagiários "fracos", aqueles que realmente precisam corrigir seus defeitos e reelaborar suas aulas, não têm condições de treinamento. Em virtude de esses estagiários não terem se saído bem, os professores da classe precisam retomar a matéria dada, o que nem eles nem os alunos apreciam. A relação estagiário-professor-classe deteriora-se, justamente para quem mais precisa de apoio.

Entretanto, os estágios de regência, como a principal atividade de formação dos futuros professores, têm a obrigação de ser planejados de forma que todos os alunos tenham as mesmas condições de saída, isto é, deve-se planejar um estágio "aberto" em relação ao número de aulas que cada estagiário deve dar, para que o aluno que apresente problemas tenha a oportunidade de dar tantas aulas quantas forem necessárias a fim de corrigi-los e até que ele se sinta seguro na função de professor. A melhor atividade para conseguir esse objetivo é o planejamento de minicursos oferecidos à escola que está recebendo os estagiários. É perfeitamente possível e desejável planejar atividades pelas quais os estagiários, além de completar sua formação como profissionais, também estejam prestando ajuda ao colégio e aos professores.

O planejamento das atividades do estágio de regência precisa ter por meta a eficiência, para fazer com que a profissão de professor não se torne, em pleno século XXI, um conjunto de experiências aleatórias de "acerto" e "erro". Um dos principais objetivos desse tipo de estágio é fazer com que nossos alunos aproveitem os estágios para testar, como professores, as inovações que discutiram teoricamente na universidade e/ou observaram com os bons professores da escola básica.

CAPÍTULO 8
As Regências Coparticipativas

8.1 Um pouco de teoria

Nas interações entre os estagiários e os professores que os recebem sempre há atividades em que os estagiários podem ajudá-los. É durante a execução dessas atividades que, por um lado, os professores vão conhecendo e orientando os estagiários e, por outro, estes vão se infiltrando na função docente.

Essas atividades de coparticipação vão das mais simples e burocráticas, como auxiliar o professor na distribuição de material didático, passam por pequenas interferências didáticas, como discutir com os alunos em grupos ajudando-os no entendimento de resolução de problemas, chegando até à responsabilidade por aulas de recuperação que as escolas devem oferecer aos alunos que têm dificuldade de acompanhar o desenvolvimento do curso no horário normal.

Quando o professor desenvolve confiança no estagiário, é capaz de lhe atribuir algumas de suas próprias aulas, ou o estagiário que tem iniciativa e quer aprender nos estágios pode se oferecer para ministrar algumas aulas especiais para as quais, por um motivo ou outro, o professor tem alguma dificuldade.

Exemplos típicos são a aula de laboratório dentro do ensino de ciências, física, química e biologia, a aula de cartografia dentro do ensino de geografia ou a de documentação para o ensino de história. Essas aulas representam um tipo de atividade que, apesar de não ser frequente, tem grande importância dentro do currículo escolar. Apesar de serem importantes, são de difícil execução, seja por requerer material experimental (aparelhos, mapas, documentos históricos etc.), seja por, às vezes, necessitar de salas especiais ou mesmo exigir do professor várias habilidades de ensino muito diferentes da tradicional exposição à frente da classe.

Quando percorremos os colégios e vemos salas ambientes (laboratórios) nunca usadas, temos a consciência de que existem vários fatores dificultando o trabalho do professor. Enumeremos alguns desses fatores:

1. A dificuldade de ter o material experimental preparado antes de cada aula e guardado após seu encerramento. Sabemos que, quando o sinal soa, o professor tem de deixar uma classe e sair correndo para dar outra aula. Assim, é muito difícil para um professor ter o material em ordem nas condições normais de seu trabalho. O estagiário poderia ajudá-lo a preparar o material experimental e guardá-lo depois das aulas.
2. A dificuldade de conhecer o material experimental existente no colégio. Muitas vezes, o material que as escolas têm ou recebem não é de conhecimento do professor. Se ele não teve contato com o material em seu curso de graduação, teria, então, de fazer cursos de especialização com essa finalidade ou ter condições e estímulo para manuseá-lo a fim de conhecê-lo. O estagiário teria tempo suficiente para conhecer esse material e preparar uma aula, pois também tem o auxílio dos professores na universidade.
3. Existem muitas escolas que não contam com nenhum tipo de material experimental de apoio. Nesse caso, mesmo o professor conhecendo um material de uso simples, não tem condições e principalmente tempo para montá-lo. Isso pode ser feito com o auxílio do estagiário.

CAPÍTULO 8   As Regências Coparticipativas

É neste contexto que propomos essa modalidade de estágio coparticipativo: de um lado, para ajudar o professor, o colégio e os alunos em um tipo de atividade necessário ao ensino, mas muito difícil de ser executado; de outro, para formar integralmente o estagiário, futuro professor, pois, se ele nunca tiver a oportunidade de dar uma aula prática durante seu estágio, dificilmente o fará na função real de um professor. A inércia, que já é grande durante os estágios, tomará proporções gigantescas quando ele tiver de enfrentar todos os problemas discutidos acima. É no período de formação profissional que o estagiário deve observar o quanto o aluno aprende com uma atividade prática, o quanto se motiva antes, durante e após uma aula prática, e sentir, durante sua iniciação ao magistério, o que ele já estudou teoricamente: o significado da experimentação, do concreto, na formação dos conceitos teóricos.

Outro tipo de estágio de coparticipação muito importante é o estágio de recuperação. Ele está estritamente ligado ao trabalho do professor e aos objetivos da escola; assim, podemos pensar nesse estágio em duas vertentes: a primeira para uma recuperação dada aos alunos que não conseguiram acompanhar as aulas do professor, cabendo então ao estagiário repassar o mesmo conteúdo já ensinado, procurando sanar as deficiências dos alunos que ficaram em recuperação. A segunda vertente de um estágio de recuperação é quando o professor encontra uma classe muito heterogênea para desenvolver seu trabalho; nesse caso, o estagiário pode desenvolver, com parte da classe, os conteúdos necessários para que todos os alunos possam seguir as aulas do professor.

Apesar de essas atividades de regência serem muito boas para o crescimento do estagiário, temos de lembrar que ele estará dando aulas para alunos com dificuldades de aprendizagem e que quase sempre têm má interação com o professor de classe. Esses alunos tendem a transferir todos os seus problemas de aprendizagem para o professor. É sempre ele que não explica bem, que não tem didática etc. Nas aulas de recuperação, eles trazem esses problemas para o estagiário que, para não entrar em conflito com seus alunos, acaba falando mal do colega. Assim, o estagiário tem de estar preparado para, de um lado, receber os alunos como eles são e, de outro, permanecer numa posição eticamente correta.

8.2 Proposição de problemas para os estágios de regência coparticipativos

Nesses estágios, o estagiário vai trabalhar em conjunto com o professor que o está recebendo e vai ajudá-lo no que for necessário. É nesse estágio de regência coparticipativa que o estagiário vai 'se mostrando' ao professor, com o objetivo de estabelecer uma confiança mútua de tal forma que possa ganhar espaço para algumas aulas de regência ou para estágios de recuperação.

1º Problema

Você foi solicitado a ajudar o professor quando ele dividiu a classe em grupos para executar uma determinada atividade. Preste atenção nas questões feitas pelos alunos e em suas respostas – se possível, grave com seu celular essas pequenas intervenções. Como você pode analisá-las?

As análises das intervenções devem ser feitas com os mesmos referenciais teóricos da Parte 2 deste livro. Analise os tipos de perguntas que você fez aos alunos, como no 2º Problema do Capítulo 3, e os graus de liberdade que você lhes concedeu, como no 4º Problema do Capítulo 4.

2º Problema

Você pediu e o professor concedeu uma parte da aula para você introduzir o próximo conceito ou para sistematizar as discussões sobre o conteúdo ensinado. Dê sua aula, grave-a, pelo menos em áudio, analise-a e discuta sua análise com o professor da classe.

A análise dessa aula, mesmo que seja uma pequena intervenção de dez a 15 minutos, deve ser realizada da mesma forma como a proposta nos problemas 1 e 2 do Capítulo 4, quando foi indicado como analisar aulas teóricas.

CAPÍTULO 8 As Regências Coparticipativas

3º Problema

Você propôs dar um laboratório de demonstração para auxiliar os alunos na compreensão do conceito que será introduzido pelo professor nas próximas aulas. Prepare o material experimental e planeje a aula levando em conta o nível de liberdade intelectual (problemas 5 e 6 do Capítulo 4) que você quer oferecer aos alunos. Dê a aula e procure gravá-la (você mesmo pode gravar o áudio com um celular ou pedir a um colega que faça uma gravação em vídeo, o que é muito melhor).

Faça um pequeno relatório dessa atividade, apresentando a preparação do material experimental, o planejamento das etapas da aula com as perguntas que você pensou em fazer e o relato do que realmente aconteceu. Discuta as questões feitas pelos alunos e o grau de liberdade intelectual que foi alcançado na aula. Discuta esse relatório com o professor e com seus colegas.

4º Problema

Você e o professor que o está recebendo como estagiário consideram importante que alguns alunos tenham aulas de recuperação, pois não estão conseguindo acompanhar o desenvolvimento da classe. O professor conversou com a direção da escola, a qual concordou com a proposta e abriu um horário para suas aulas de recuperação. Planeje as aulas, a partir das orientações do professor, e as execute. Se possível, grave essas aulas.

Faça um relatório dessa experiência de trabalhar com a recuperação de alunos, mostrando como o curso foi planejado em termos dos conteúdos conceituais, procedimentais e atitudinais. (Aqui os objetivos atitudinais são importantes, pois quase sempre quem fica de recuperação não gosta da matéria.) Mostre as atividades de ensino que você planejou para os alunos trabalharem. Avalie o aproveitamento do curso em relação à aprendizagem dos alunos e ao seu crescimento como professor. Analise suas aulas resolvendo os problemas do Capítulo 4.

CAPÍTULO 9
Os Estágios de Regência Sob a Forma de Minicursos

9.1 Um pouco de teoria

O estágio de minicurso é a atividade mais livre para os estagiários, pois, não estando diretamente sob a responsabilidade do professor de uma escola, eles podem planejar, executar e avaliar seu próprio trabalho, a partir de suas próprias ideias de "como" ensinar determinado conteúdo.

Enquanto na recuperação o estagiário está muito ligado aos objetivos do professor da classe, que estabelece o padrão de ensino a ser seguido, e a uma finalidade bem determinada – recuperar os alunos para as aulas do professor –, nos minicursos o trabalho do estagiário é independente. Além disso, os estágios de minicursos podem ser coletivos, isto é, um grupo de estagiários pode organizar vários minicursos e oferecê-los às escolas como atividade extracurricular.

Os estágios de minicursos apresentam várias vantagens para a escola: são atividades extracurriculares quase sem nenhum trabalho ou preocupação para o corpo docente do estabelecimento e não interferem diretamente com a programação dos professores. Como o programa, para qualquer disciplina, é muito grande, é possível escolher sempre conteúdos que o professor não tem tempo para ensinar. Mesmo que algum minicurso seja de matéria já trabalhada pelo professor do colégio, os alunos irão revê-la abordada de forma diferente, o que lhes servirá como reforço.

Outro ponto importante é que o estagiário pode errar (isto é, dar um mau curso) sem que isso prejudique os alunos. Não podemos esquecer que a principal função dos estágios é formar futuros professores, procurando corrigir seus erros. O estagiário é, antes de tudo, um professor em processo de formação e, portanto, não podemos partir do princípio de que ele irá sempre acertar em suas aulas. No estágio de minicurso, o estagiário terá a oportunidade de replanejar uma aula ou todo um curso a partir de seus próprios erros.

Os minicursos são pequenas sequências didáticas com objetivos – conceituais, procedimentais e atitudinais – bem definidos. Seu planejamento deve abranger, além da escolha das atividades de ensino para alcançar os objetivos propostos, toda uma proposta de instrumentos de avaliação formativa (durante o ensino) e somativa (no final do minicurso). Os estagiários aprenderão muito se os planejamentos de todos os elementos do grupo forem discutidos antes da execução dos minicursos, pois é justamente nesse ponto, a partir de discussões dos alunos estagiários sobre quais atividades, como desenvolvê-las e como avaliá-las, que as inovações didáticas são introduzidas no ensino.

É durante essa fase de planejamento que deve ser iniciada a discussão do papel do professor em uma sala de aula. Durante o planejamento das atividades, percebe-se a concepção de ensino de cada futuro professor. A discussão comparativa de como cada estagiário preparou a aula introdutória de seu minicurso é muito produtiva, pois encontramos invariavelmente aquele que preparou uma aula totalmente expositiva, aquele que organizou uma discussão dirigida, tendo por base conceitos da vida diária, e aquele que planejou atividades experimentais (ou atividades semelhantes), a fim de que os alunos trabalhem com o fenômeno. A interação professor-aluno, os tipos de perguntas, as habilidades de ensino e todos os itens com que o estagiário trabalhou durante o estágio de observação devem, nesse momento, ser repensados em função de suas próprias aulas.

Além do planejamento e do material didático para cada aula, o estagiário deverá elaborar nesse período um pequeno resumo explicativo de, no máximo, cinco linhas sobre seu minicurso. Com os resumos de todos os cursos que serão oferecidos à escola, a data e o horário dos minicursos, deverá ser montado um folheto a ser distribuído aos alunos do estabelecimento.

Para o professor da universidade, responsável pelo acompanhamento dos estágios, os minicursos também facilitam muito, pois, sendo realizados em uma mesma escola, em um mesmo horário, possibilitam a observação e o acompanhamento de todos os estagiários na função de docentes. Os estagiários devem estar conscientes de que o coordenador de estágio pode, e deve, assistir a suas aulas, observando-os conforme foi proposto neste livro, no capítulo sobre estágios de observação.

É durante a execução dos minicursos que o coordenador percebe o senso de responsabilidade de cada estagiário. Chegar pontualmente às aulas, não faltar, ter todo o material já preparado antes do início de cada aula caracterizam os pré-requisitos fundamentais de um bom professor. O coordenador de estágio não pode se esquecer de que, para o estagiário que nunca deu aula, essa é uma experiência muito marcante, pois ele preparou o curso de acordo com suas próprias ideias. O coordenador deve estar sempre por perto, para ajudá-lo e apoiá-lo quando precisar.

Quando abordamos os estágios de observação, indicamos em diversos problemas que o melhor seria a autoavaliação nos estágios de minicursos. Assim, propomos que os estagiários gravem suas aulas em vídeo e resolvam os problemas apresentados nos capítulos referentes aos estágios de observação, analisando suas próprias aulas do ponto de vista da interação professor-alunos, do conteúdo ensinado, das habilidades de ensino e do processo de avaliação. Uma análise das aulas em relação a essas quatro variáveis que influenciam o ensino e a aprendizagem pode contribuir muito para o desempenho posterior dos estagiários.

9.2 Proposição de problemas para os estágios de minicursos

1º Problema

Planeje um minicurso sobre um conteúdo inovador para os alunos da escola em que você estagia, levando em conta a realidade desses alunos, os pré-requisitos necessários para que consigam acompanhá-lo e o tempo que a escola proporcionou para cada minicurso. Discuta esse planejamento com seus colegas.

O planejamento dos minicursos, assim como o planejamento de qualquer curso, deve ter a finalidade de ensinar alunos reais, portanto seus pré-requisitos, sua realidade social e, principalmente, sua ambição de conhecimento precisam ser levados em conta na definição dos conteúdos conceituais, processuais e atitudinais a serem propostos. As discussões sobre as atividades propostas para alcançar os objetivos também devem considerar esses fatores.

2º Problema

Leve as propostas de minicurso à escola e veja quantos são os alunos interessados em cursá-lo. Estude com eles os melhores horários para a realização dos minicursos. Obtenha com a direção da escola a certeza de que terão salas disponíveis no horário combinado e de que o material da escola poderá ser utilizado, como os projetores, os laboratórios, os computadores. Se os minicursos forem aos sábados, certifique-se de que a escola ficará aberta. Vá conhecer o bedel que trabalhará no sábado.

Como os minicursos são atividades extracurriculares para a escola e os alunos, é preciso ter certeza de que ela oferecerá condições nos horários extras para que as atividades sejam desenvolvidas a contento. Às vezes, todo o trabalho é comprometido porque não há giz na classe ou a chave do laboratório não é encontrada. É preciso falar diretamente com os alunos, tendo um bom número de inscritos. Sempre haverá um decréscimo entre o número de alunos que se matricularam e os que aparecerão no primeiro dia. Sem o trabalho de envolver a escola e os alunos nos cursos, todo o planejamento não terá sentido!

CAPÍTULO 9 Os Estágios de Regência Sob a Forma de Minicursos

3º Problema

Execute seu minicurso. Grave suas aulas. Analise-as respondendo aos problemas dos capítulos 3, 4, 5 e 6. Faça o relatório de seu estágio de minicurso com essas análises.

Como já destacamos na Seção 9.1 deste capítulo, a análise que o estagiário faz de suas próprias aulas é o melhor estágio de observação. O estagiário não pode falar "eu não faria assim", como sempre acontece quando ele assiste à aula de outro professor. Agora, analisando sua própria aula, ele tem de pensar 'por que' agiu de um modo que não queria. A tomada de consciência de seus próprios atos é a melhor ferramenta de ensino na formação de professores. Não há nada melhor para um professor do que se conscientizar de seus acertos e de seus erros. Às vezes, essa tomada de consciência é muito dolorida, e o professor da universidade, coordenador dos estágios, tem a obrigação de mostrar que o estagiário está aprendendo a ser professor e que suplantar seus erros é uma questão de tempo.

4º Problema

A partir das gravações das aulas de seu minicurso, faça agora uma macroavaliação respondendo às questões: se você modificou seu planejamento durante o minicurso, quais as causas dessa modificação? Se seu curso teve uma queda de frequência, quais as causas que você aponta? Se na prova final do curso os alunos erraram mais do que você esperava, quais as causas possíveis?

Essas são perguntas que os professores sempre se fazem, ou deveriam se fazer, quando não alcançam os objetivos desejados. É importante procurar as causas dentro do trabalho didático. Deve-se tomar cuidado para não culpar os alunos pelos objetivos não alcançados, esquecendo que é papel do professor ensinar os alunos reais, aqueles que estão em suas salas de aula.

PARTE 4
Estágios de Projetos de Pesquisa

CAPÍTULO 10
Projetos de Pesquisa – Discussão

A inclusão dos futuros professores nos processos investigativos referentes aos problemas educacionais da escola como um todo e, em particular, em relação ao ensino e à aprendizagem de cada uma das disciplinas escolares é um dos objetivos mais importantes da formação desse novo professor. A profissão de professor não pode mais ser entendida como a de um transmissor de conhecimento, que entra na escola, dá sua aula e vai embora; ele deve ser considerado um produtor de conhecimento dos problemas educacionais. Assim como os alunos das licenciaturas de conteúdos específicos, também os alunos de pedagogia, futuros professores das primeiras séries do ensino fundamental e futuros gestores das escolas básicas, devem ser capazes de produzir conhecimento sobre suas próprias funções. Os estágios de pesquisa que abordam projetos temáticos têm essa finalidade.

Esses são estágios em que os graduandos, geralmente em grupo, elaboram um projeto de pesquisa com a finalidade de estudar alguns aspectos do cotidiano da escola ou do ensino e da aprendizagem. Esses temas podem surgir das discussões teóricas desenvolvidas por uma ou mais disciplinas de seus cursos de licenciatura ou pedagogia, mas podem também ser algumas questões específicas que o estagiário traz a partir de suas próprias inquietações. O importante desse estágiário é ele aprender a transformar tanto as discussões teóricas quanto as próprias inquietações em problemas possíveis de ser investigados no tempo e no espaço dos estágios. Talvez esta seja a primeira e a mais difícil questão: delimitar o problema possível de ser investigado.

Outro ponto fundamental é familiarizar o estagiário com a utilização de procedimentos de investigação quantitativos e qualitativos, como realização de entrevistas; aplicação de questionários; levantamento documental, como legislação e documentos produzidos pela escola, seus professores e alunos; estudos de indicadores sociais e educacionais etc.

O importante é que os estagiários construam um projeto de pesquisa a partir do referencial teórico já existente ou que aprendam a buscá-lo, a fim de dar sustentação ao assunto ou tema tratado, discutindo a estratégia a ser desenvolvida para favorecer o avanço da questão/problema que norteia essa atividade.

No próximo capítulo, vamos dar exemplos de vários temas e de formas de investigá-los, entretanto, serão somente exemplos, pois os estagiários sempre nos surpreendem com suas preocupações educacionais que podem ser transformadas em outros problemas de investigação.

O mais importante é que esse é o estágio que menos interfere na rotina escolar de maneira direta por meio da proposição de atividades, pois a maioria delas será feita junto com a equipe gestora da escola ou com alunos e professores fora da sala de aula.

CAPÍTULO 11
Proposição de Problemas Sobre os Projetos de Pesquisa na Escola

O problema da inclusão de alunos com necessidades especiais no cotidiano escolar

A inclusão é um movimento mundial de luta das pessoas com deficiências e seus familiares na busca de seus direitos e lugar na sociedade, sendo que na educação o adjetivo 'inclusivo' é usado quando se busca qualidade educacional para todas as pessoas com ou sem deficiências (Pereira, 2011).

No Brasil, a Lei de Diretrizes e Bases da Educação de 1996 se referia à inclusão de pessoas com necessidades especiais nas escolas, mas também indicava, se necessário, serviços de apoio especializados na escola regular para atender as peculiaridades, sugerindo que o atendimento educacional fosse feito em classes, escolas ou serviços especializados, em função das condições específicas do aluno, se não fosse possível sua integração nas classes comuns do ensino regular. Entretanto, houve um avanço na direção da universalização e atenção à diversidade com a Resolução nº 2/2001, que instituiu as Diretrizes Nacionais para a Educação Especial na Educação Básica propondo a seguinte recomendação: "Os sistemas de ensino devem matricular todos os alunos, cabendo às escolas organizar-se para o atendimento aos educandos com necessidades educacionais especiais, assegurando as condições necessárias para a educação de qualidade para todos".

Entretanto, no cotidiano escolar, "assegurar as condições necessárias para a educação de qualidade para todos" é um problema de difícil resolução, pois a grande maioria dos professores julga-se incapaz de dar conta dessa demanda, sentindo-se despreparada e impotente diante dessa realidade. Acrescentam-se a esse fato a quase inexistência de material adequado para o atendimento do aluno e o número excessivo de alunos em sala de aula, dificultando o acesso e a permanência com qualidade do aluno com deficiência (Pereira, 2011).

Esse não é um problema de fácil resolução e, para pesquisar esse tema, o estagiário precisa primeiro se inteirar dos referenciais teóricos sobre a questão da inclusão dos alunos com necessidades especiais no cotidiano escolar.

> Problema de pesquisa: Como a escola que você está visitando trata o problema da inclusão de alunos com necessidades especiais?

Essa pesquisa é interessante e bastante complexa, sendo indicada para ser trabalhada por um grupo de estagiários. Ela deverá obter dados de três fontes: dos documentos oficiais da escola, como o projeto político-pedagógico (PPP) e o regimento escolar; de entrevistas com a direção, coordenadores pedagógicos, professores e funcionários que trabalham diretamente com os alunos e, finalmente, de algumas aulas assistidas a fim de verificar a interação professor-alunos, nas classes em que o problema de inclusão se faz mais premente. Essa triangulação dos dados dará mais solidez à pesquisa.

Os documentos oficiais serão analisados utilizando a metodologia da análise do discurso de textos escritos, procurando salientar como esses documentos propõem que a inclusão seja trabalhada na escola. As entrevistas com o corpo diretivo da escola – direção, vice-direção e coordenação – serão compostas de questões que deverão ter suas origens no referencial teórico e nos documentos da escola. Antes de serem aplicadas, essas questões deverão ser discutidas entre os estagiários e seus orientadores de estágio. As entrevistas com os professores terão os objetivos de conhecer como eles resolvem os problemas de ensino e de aprendizagem e verificar como são assessorados nesse processo. As questões dessas entrevistas também devem ser discutidas com o orientador do estágio antes de serem aplicadas. As observações da interação professor-alunos poderão ser feitas utilizando o referencial e alguns problemas relacionados na Parte 3 deste livro.

Extraídos todos os dados, utilizando as três fontes, deve-se ter todo o cuidado para ir além da descrição (por mais complexa que ela seja) e partir para uma análise, retomando os referenciais teóricos e procurando mostrar as possíveis relações entre as variáveis pesquisadas.

Indisciplina/disciplina na escola

A questão da indisciplina-disciplina no ambiente escolar talvez seja o principal problema de uma escola atualmente. Verificar se há alguma relação entre os problemas de indisciplina que ocorrem dentro das salas de aula e os fatores mais gerais da escola, como sua organização, sua visão de educação e seus valores, é estudar esse problema com uma visão mais ampla.

Muitos são os referenciais teóricos que sustentam essas relações (Aquino, 2003; Puig, 2000; Arguis, 2002; Demo et al., 2001). Os estagiários que querem se debruçar sobre essa questão precisam de um aprofundamento teórico para que a análise dos dados vá além da descrição das ações observadas e para que as relações entre as variáveis mostradas na pesquisa não sejam analisadas com concepções intuitivas e triviais.

> Problema de pesquisa: como é trabalhado o problema da indisciplina/disciplina no ambiente escolar?

Esse também é um problema complexo e pode ser trabalhado por um grupo de estagiários, pois na organização dessa pesquisa temos de obter dados tanto no ambiente escolar como um todo, como também nas salas de aula de vários professores. Podemos portanto subdividir esse problema em dois outros que, apesar de bastante relacionados, precisam ser pesquisados em separado para a obtenção dos dados, pois a metodologia de pesquisa de cada um deles é bem diferenciada.

Subproblema 1: na escola, como é trabalhado o problema da indisciplina/disciplina?
Subproblema 2: como diversos professores enfrentam a indisciplina/disciplina em suas aulas? Quais as principais causas?

Para o Subproblema 1, "Na escola, como é trabalhado o problema da indisciplina/disciplina?", é preciso fazer um desenho de pesquisa de forma a obter dados de várias fontes, como (1) os documentos da escola, como o projeto político-pedagógico e o regimento escolar; (2) as entrevistas com o corpo diretivo da escola; (3) as entrevistas com professores e funcionários e (4) as entrevistas com estudantes.

A organização dessas entrevistas deve ser bem articulada teoricamente, e suas questões precisam ser pré-testadas a fim de obter dados mais fidedignos. É preciso que os estagiários discutam com antecedência cada questão que farão a cada segmento escolar. É bastante comum, em uma entrevista sobre uma questão tão delicada como os problemas de indisciplina da escola, que um dos segmentos passe a criticar ou a jogar a culpa em outro segmento. As entrevistas não devem dar espaço para a 'lavagem de roupa suja', mas procurar relações entre possíveis causas e efeitos e coletar propostas de soluções.

O Subproblema 2, "Como diversos professores enfrentam a indisciplina/disciplina em suas aulas e quais as principais causas?", tem uma metodologia de pesquisa bem diferente. Primeiro, os dados para a discussão desse subproblema deverão ser coletados por diversos estagiários durante seus estágios de observação, sob a forma de 'incidentes críticos'. Incidentes críticos (IC) são "ações ou fatos, novos e inesperados, ocorridos durante a aula, que pedem uma resposta imediata do professor e para os quais não existem regras específicas que ajudem o professor a tomar as decisões corretas" (Moreira e Carvalho, 2002).

CAPÍTULO 11   Proposição de Problemas Sobre os Projetos de Pesquisa na Escola

Os incidentes críticos observados serão anotados em um diário de campo, com a descrição do momento da aula em que ocorreram e a reação do professor imediatamente após o incidente.

Exemplos de IC coletados por Moreira e Carvalho (2002) em aulas de física do nível médio:

"O professor estava dando uma explicação na lousa e a classe estava fazendo muita algazarra. O professor interrompeu a explicação e perguntou se o pessoal do futebol gostaria de descer para o recreio antes do previsto. A conversa generalizada diminuiu, ficando restrita a um grupo reduzido de alunos."

"A professora pediu aos alunos que resolvessem 15 exercícios sobre notação científica, alegando que eram necessários para o entendimento da próxima matéria. Os alunos protestaram veementemente, dizendo que a quantidade de exercícios era excessiva, portanto não iriam resolvê-los. A professora então decidiu que aqueles exercícios seriam para nota e deveriam ser feitos individualmente."

"Na terceira aula ministrada pelo professor, enquanto este estava na lousa expondo a matéria, surgiu uma discussão com os alunos. Eles questionavam o fato de as aulas serem fundamentalmente expositivas. Diante dessa situação, o professor argumentou com os alunos que, infelizmente, a maioria das aulas deveria ser expositiva, mas que no planejamento também estavam previstas outras atividades."

Após a coleta dos incidentes críticos, eles poderão ser classificados, para fins de análise, em duas categorias: momento da aula em que ocorreu o IC e reação do professor depois do IC.

A categoria 'momento da aula' pode ser dividida novamente em quatro subcategorias:

1. Não está relacionado diretamente com a aula, ou seja, são fatores de ordem externa à aula.
2. Quando não existe interação professor-aluno, isto é, quando o professor está expondo a matéria, explicando deveres ou ainda corrigindo exercícios.

3. Quando existe interação professor-aluno, como quando o professor esclarece uma dúvida ou quando os alunos trabalham em grupo.
4. Avaliação. Nessa categoria, estão incluídos os momentos de agendamento, da avaliação propriamente dita e da devolução e/ou correção.

A categoria 'reação do professor depois do IC' pode ser dividida, por exemplo, nas três subcategorias indicadas a seguir:

1. O professor não enfrenta a situação; por exemplo, ignora o problema ou solicita a ajuda da coordenação.
2. O professor tem uma ação diretiva. Essa ação pode ser, por exemplo, repreender os alunos, usar a avaliação como forma de punição, punir ou ameaçar os alunos de punição ou barganhar com eles para que cumpram com seus deveres.
3. O professor tem uma ação menos diretiva e mais democrática, como conversar com os alunos, explicando e ouvindo suas posições ou propondo que a classe resolva o problema e aceitar as ideias propostas pelos alunos.

A reação do professor aos IC pode também ser estudada por meio de outras classificações (Rosa e Veit, 2011). O importante é ter claro o referencial teórico que sustente a análise dos dados coletados.

Classificados os IC, o estagiário deve construir uma tabela de duas entradas: atitudes × momento da aula. Essa tabela indicará quando os IC aparecem em classe e como estão sendo administrados.

As análises das tabelas dos professores observados devem ser discutidas em conjunto com o grupo de estagiários, visando relacionar os momentos mais frequentes em que ocorreram os IC nas classes de cada professor com as atitudes que esses professores adotaram nessas ocasiões de indisciplina.

É importante agora cruzar os dados dos resultados das duas pesquisas desenvolvidas paralelamente: na escola, como é trabalhado o

CAPÍTULO 11   Proposição de Problemas Sobre os Projetos de Pesquisa na Escola

problema da indisciplina-disciplina e como diversos professores enfrentam a indisciplina-disciplina em suas aulas? Procure agora responder à questão: quais as principais causas?

Uma crítica ao ensino tradicional: o que os alunos lembram do que foi estudado?

O ensino tradicional, como um todo, é um conceito muito arraigado no cotidiano dos alunos e professores para ser suprimido somente com a leitura de textos teóricos e discussão entre alunos e professores nos cursos de licenciatura, principalmente porque essas aulas são quase sempre dadas de forma tradicional!

Nas partes 2 e 3 deste livro, propusemos vários problemas para que o estagiário tomasse consciência das fragilidades do ensino tradicional e agora vamos propor mais um problema, nesse caso em forma de uma pesquisa a ser feita com os alunos que já terminaram o curso básico.

> Problema de pesquisa: O que os alunos lembram dos conteúdos ensinados em sua disciplina três anos após terminarem o curso básico?

O propósito dessas entrevistas é conhecer 'o que' e 'como' os estudantes que terminaram o curso médio se lembram do conteúdo ensinado em uma dada disciplina do currículo. Essa é uma pesquisa que deve ser feita por um grupo de estagiários, pois, para tirar conclusões confiáveis dos dados, a amostra deve ser de cerca de cem entrevistas, sendo que os entrevistados devem ser escolhidos ao acaso. A amostra será composta de profissionais liberais ou estudantes universitários que já terminaram o curso médio no mínimo há três anos. É fundamental que a amostra seja de profissionais liberais ou estudantes universitários porque eles passaram em um vestibular, validando dessa forma seu curso médio. Outro ponto importante na definição da amostra é escolher profissionais ou estudantes universitários que depois do curso médio não mais estudaram essa disciplina.

Escolhida sua amostra, monte um questionário com três partes:

- A primeira parte contém os dados do entrevistado: nome (deixe claro que os questionários não serão identificados; se o entrevistado não quiser dar o nome, ponha um codinome); colégio em que estudou, se particular ou público; o curso que está seguindo agora ou a profissão.
- A segunda parte do questionário é sobre o conteúdo estudado. Faça questões para verificar se o entrevistado se lembra de suas aulas de física, por exemplo (aqui entra a disciplina do estagiário). Se ele citar algum tópico – por exemplo, mecânica –, pergunte-lhe sobre um dos conceitos principais desse tópico: o que é energia? Se ele responder corretamente, vá perguntando sobre outros conceitos para verificar o que o entrevistado se lembra da matéria ensinada.
- A terceira parte do questionário é sobre as aulas e os professores. Procure montar questões que levem os entrevistados a falar das aulas de que mais gostaram e daquelas que detestaram e também do trabalho dos professores. É importante saber se existe relação entre as atividades de que gostaram e o que eles acham que aprenderam nessas atividades. Por exemplo, se eles falarem que gostavam de aulas em que eram passados vídeos, pergunte qual o conceito transmitido por esses vídeos.
- Reúna todos os questionários e analise-os. Discuta os resultados com sua turma de estagiários, refletindo principalmente sobre as consequências educacionais que esses dados indicam.

Em pesquisas semelhantes feitas pelos alunos do curso de Metodologia do Ensino de Física da USP, encontramos, em vários anos seguidos, que cerca de 70% dos entrevistados não lembravam nada do conteúdo ensinado ou, se lembravam, não sabiam explicar um fenômeno importante relacionado com o conceito lembrado. Muitos gostavam de seus professores, mas isso não tinha relação com a aprendizagem. Constatamos que as atividades de que eles mais gostavam

CAPÍTULO 11   Proposição de Problemas Sobre os Projetos de Pesquisa na Escola

era o laboratório, entretanto, quando perguntamos o que aprenderam nessas aulas de laboratório, poucos se lembraram do conteúdo ensinado. Diziam que "foi uma experiência muito interessante", porém não se lembravam da experiência e do conceito que o professor queria transmitir. Em uma de nossas entrevistas, um profissional de nível superior fez um depoimento sobre suas aulas de física no curso médio o qual muito nos impressionou pelo realismo com que descrevia suas impressões. Ele nos disse:

> (...) Não entendia nada do que o professor de física falava lá na frente (...) era como se ele falasse outra língua (...) por mais que eu me esforçasse (...) não conseguia entender onde ele queria chegar com tudo aquilo...

Esse depoimento mostra que, quando aluno, ele se sentia nas aulas de física como se estivesse em um país estrangeiro, sem entender nem a língua nem seus costumes. E é isso que o ensino tradicional produz, com a transmissão pura e simples dos conteúdos conceituais.

As concepções espontâneas dos alunos sobre os conteúdos que serão ensinados

Um ponto fundamental no planejamento de qualquer sequência de ensino é saber que o aluno, ao chegar à escola, tem conhecimentos espontâneos sobre o que pretendemos ensinar, e é com esses conhecimentos que ele entra em nossas salas de aula, ouvindo e interpretando o que falamos. Nessa mesma direção, é também importante que o professor tenha claro que esses conceitos ou concepções espontâneos não são postos de lado só porque ele está 'falando de um novo modo'. É com eles que o aluno vai procurar entender o que está sendo explicado na aula. A conscientização, por parte do professor, de que é a partir dos conhecimentos que os alunos trazem para a sala de aula que eles entendem o que se apresenta em classe é essencial para evitar a surpresa de descobrir que os alunos "aprendem" coisas que o professor jura não ter ensinado.

Esse mesmo fato, de os alunos chegarem com conceitos espontâneos às salas de aula, já tinha sido relatado com muita clareza há mais de 70 anos, por Bachelard (1938, p. 18):

> Surpreendeu-me sempre que os professores de ciências, mais que os outros, não compreendam que não se compreenda (...). Não reflitam sobre o fato de que o adolescente chega à aula de física com conhecimentos empíricos já constituídos: trata-se, assim, não de adquirir uma cultura experimental, e sim mais precisamente de mudar de cultura experimental, de derrubar os obstáculos já acumulados pela vida cotidiana.

A "derrubada dos obstáculos já acumulados pela vida cotidiana" não é tarefa fácil para a escola. Os trabalhos de Vigotsky (1984, 1977) e Freire (1976, 1979), por exemplo, debateram esse problema com profundidade em suas propostas teóricas.

Mais especificamente, em relação a cada uma das disciplinas escolares, muitas pesquisas têm sido feitas visando compreender como os alunos pensam os conceitos que a escola se propõe a ensinar.

Na área do ensino de geografia, muitas investigações foram realizadas no Brasil, como o estudo de como é feita a leitura dos mapas pelas crianças (Oliveira, 1977; Cecchet, 1982) e o de como as crianças constroem as noções de latitude e longitude (Goes, 1983). Também no ensino de cartografia, várias pesquisas foram feitas visando entender o pensamento dos alunos (Paganelli, 1987; Simielli, 1996; Castellar, 1996).

Na área de ensino de português, esse mesmo objetivo de pesquisa – conhecer como os alunos pensam os conceitos fundamentais do conteúdo a ser ensinado na escola – também teve um grande desenvolvimento, apesar de ter base teórica diferente. Aqui, a produção desse conhecimento sofreu maior influência dos trabalhos sobre a psicogênese da língua escrita desenvolvidos por Ferreiro e Teberosky (1985).

No ensino de inglês, abordam-se as questões dos conhecimentos prévios dos alunos pela teoria dos esquemas interpretativos (*available designs for meaning*), segundo a qual todas as nossas experiências se organizam mental e verbalmente constituindo esquemas interpretativos de natureza semântica, e são esses esquemas que acionamos para construir significação (Kern, 2000). Daí a possibilidade de variação interpretativa, ou seja, o leitor, por exemplo, acaba elaborando uma hipótese interpretativa que é acionada por esquemas diferentes daqueles que o autor buscava acionar.

Na área do ensino de ciências – física e química – o livro básico é *Ideas científicas en la infancia y la adolescencia*, de Driver, Guesne e Tiberghien (1985/1989)[1]. Entretanto, inúmeros relatos de pesquisas brasileiras sobre as concepções espontâneas dos alunos têm sido publicados nas revistas brasileiras de pesquisa em ensino de ciências[2] desde os anos 1980 até a atualidade. Em 2011, encontramos ainda pesquisas diversificadas sobre as concepções dos alunos, como a de Ubinski e Machado (2011), que procuram conhecer como os alunos pensam sobre a cor aparente do sol, e a de Molinatti (2011), que investiga as concepções dos alunos sobre o cérebro e a coordenação nervosa.

Entretanto, quaisquer que sejam os referenciais teóricos que deram origem a essas pesquisas, o professor precisa conhecer seus resultados, ou seja, ele precisa *saber da existência das concepções espontâneas* ao planejar seu ensino e ter consciência de que seus alunos chegam às aulas com conhecimentos empíricos já constituídos e, portanto, não são *tabulas rasas*.

> Problema de pesquisa: Escolha um conceito importante dentro de sua disciplina (por exemplo, equilíbrio químico ou solubilidade em química; força ou visão em física; célula ou estrutura celular em biologia; latitude ou longitude em geografia etc.). Como os alunos da escola em que você está fazendo seu estágio pensam esse conceito?

---

[1] A primeira data é o ano da publicação do original em inglês e a segunda, o ano da publicação da tradução em espanhol.

[2] As principais revistas de pesquisa em ensino de ciências são: *Ciências & Educação*; *Investigações no Ensino de Ciências*; *Revista Brasileira de Pesquisa em Ensino de Ciências*; *Ensaio: Pesquisa em Educação em Ciências*.

A pesquisa do estagiário será uma réplica de investigações já elaboradas sobre o assunto. A diferença fundamental é ir além de um conhecimento genérico e saber como os alunos da escola em que se está trabalhando pensam um determinado conceito que será a base do conteúdo a ser ensinado, por exemplo, em um minicurso. Para estruturar a pesquisa, é preciso primeiro fazer uma revisão bibliográfica sobre o assunto, procurando entender a metodologia da pesquisa e os instrumentos utilizados pelos autores dos trabalhos estudados para verificar a existência de um dado conceito espontâneo. É com essa metodologia de pesquisa e com esses instrumentos de coleta de dados que o estagiário resolverá seu problema de pesquisa.

PARTE 5
Estágios em Espaços não Formais

CAPÍTULO 12
Os Estágios nos Museus

12.1 Um pouco de teoria

Atualmente os museus, que têm como um de seus principais objetivos uma ampla interação com a sociedade, têm assumido uma dimensão educativa procurando promover a divulgação das ciências naturais, sociais e das artes. Em paralelo a esse trabalho feito pelos museus, as escolas têm buscado nessas instituições uma complementaridade ao ensino desenvolvido dentro das salas de aula, influenciadas pelas propostas curriculares atuais. E essa interação entre os museus e a escola é, na grande maioria dos casos, feita pelo professores; daí a importância dos estágios nesse ambiente de ensino e aprendizagem não formal.

Entretanto, nem sempre a interação com a escola foi um dos objetivos dos museus. Em tempos passados, expondo suas coleções em grandes edifícios, os museus eram considerados espaços do saber e da invenção artística, de difusão e da cultura científica e/ou artística, em que o público poderia formar seus gostos por meio da admiração das exposições.

No Brasil, os primeiros museus começaram a surgir no século XIX. Criados nos moldes dos grandes museus europeus e norte-americanos, as instituições brasileiras também buscavam coletar, catalogar e estudar os vários elementos do mundo natural e cultural do País (Marandino, 2008).

Visando estabelecer uma comunicação maior com o público dentro das exposições, houve uma mudança nos museus: as antigas exposições nas quais todo o acervo era exibido foram aos poucos sendo substituídas pelas seleções representativas de cada temática abordada. A forma de expor os objetos e de estabelecer relacionamento com o público foi se modificando, sendo que, a partir da segunda metade do século XX, os museus passaram a ser reconhecidos formalmente como instituições educativas. As ações educativo-culturais ganharam uma dimensão ampliada, buscando novos métodos e estratégias que tinham como objetivo o engajamento dos alunos, fortalecendo a importância das exposições e das ações educacionais como veículos de uma transformação social.

E como podemos discutir o tipo de educação que se realiza nos museus? É formal, não formal ou informal?

Vamos primeiro caracterizar esses três tipos de educação:

- *Educação formal*: é um sistema de educação estruturado e cronologicamente graduado.
- *Educação não formal*: qualquer atividade organizada fora do sistema formal de educação, operando separadamente ou como parte de uma atividade mais ampla, com objetivos educacionais.
- *Educação informal*: processo de aprendizagem realizado ao longo da vida, em que cada sujeito adquire atitudes, valores, procedimentos e conhecimentos da experiência cotidiana.

Visando caracterizar as atividades desenvolvidas nos museus e a partir da concepção de que os contextos educacionais da educação não formal e da informal, em conjunto com a educação formal, devem ser vistos como um *continuum,* Marandino (2008, p. 15) propõe a seguinte representação:

Contextos Educacionais		
	Formal ◄◄◄ Não formal ►►► Informal	
Propósitos	Geral, com certificação	Específico, sem necessidade de certificação
Organização de conhecimento	Padronizada, acadêmica	Individualizada, prática
Tempo	Longo prazo, contínuo, sequencial	Curto prazo, tempo parcial
Estrutura	Altamente estruturada, currículo definido, atividade determina perfil do aprendiz, baseada na instituição, avaliativa	Flexível, ausência de currículo, aprendiz determina perfil da atividade, relacionada à comunidade, não avaliativa
Controle	Externo, hierárquico	Interno, democrático
Intencionalidade	Centrada no educador	Centrada no aprendiz
	◄◄◄ ►►►	

Tomando por base esse quadro, podemos dizer que os museus, sob o ponto de vista da aprendizagem, podem ser classificados como espaços:

- de educação *não formal*: quando ele, como instituição, tem um projeto de alguma forma estruturado e com um determinado conteúdo programático;
- de educação *formal*: quando os alunos o visitam com uma atividade totalmente estruturada por sua escola, buscando aprofundamento em determinado conteúdo conceitual. Nesse caso, o museu é observado não como instituição, mas pelo ponto de vista de seu público;
- de educação *informal*: quando um visitante o procura para se divertir ou um turista quer conhecê-lo. Também nesse caso o museu é descrito não como instituição, mas pelo ponto de vista de seu público.

A mudança, de um museu contemplativo para um interativo com o público, não foi fácil. Esse movimento foi fortemente influenciado pelos movimentos construtivistas, quando a ideia do 'aprender fazendo' tornou-se muito forte. Nesse contexto, os museus começaram a organizar suas exposições dentro de um conceito de interatividade denominado *hands-on*, que considera o toque e a manipulação física como as principais formas de interação.

Entretanto, o desenvolvimento das pesquisas no campo do ensino e da aprendizagem mostrou que somente o fazer não garante necessariamente uma compreensão dos conceitos ou, em outras palavras, as pesquisas educacionais, principalmente no campo da educação em ciências, mostraram que a manipulação dos objetos não é uma garantia de envolvimento intelectual. Com essa concepção de ensino e aprendizagem, os museus procuraram organizar suas exposições dentro do conceito de atividade denominado *minds-on*, em que 'junto com o fazer existe o engajamento intelectual', isto é, em que os questionamentos e as dúvidas aparecem e as ideias do visitante podem ser modificadas.

Todavia, um terceiro conceito de interatividade é importante nas exposições. Denominado *hearts-on*, ele se expressa quando existe na atividade um estímulo emocional, com a ideia de atingir a sensibilidade emocional do visitante.

As pesquisas nos museus, quando analisam a aprendizagem de seus visitantes, mostram que, apesar de as exposições poderem privilegiar apenas um desses aspectos, é importante a presença das três possibilidades, mesmo que trabalhadas em intensidades diferentes.

O processo de interatividade entre museu e escola vai além de preparar as exposições. Agora é preciso estabelecer uma parceria em que os professores devem ter participação efetiva na estruturação da visita, partindo de uma negociação com a equipe de educadores do museu. Para uma boa interação, é importante que os professores conheçam a linguagem e as práticas específicas do espaço do museu e também que os educadores dessa instituição conheçam os objetivos e necessidades da escola que quer fazer a visita. Como destaca Marandino (2008), "não se trata de subordinação de um ao outro, mas da possibilidade de interação pedagógica entre ambas as instituições que respeite as missões e exigências particulares de cada uma".

O principal modelo didático para uma parceria construtiva entre museu e escola propõe a preparação de atividades a serem distribuídas em três momentos: antes, durante e após a visita ao museu.

Em um primeiro momento, antes da visita, as atividades de preparação servirão para motivar o aluno, integrando o conhecimento que será visto ao desenvolvido em sala de aula. O objetivo é despertar a curiosidade e interesse sobre o assunto da visita, motivando-o a se engajar em uma investigação cuja resposta só se completará no próprio museu.

O segundo momento é a visita propriamente dita, em que os alunos devem coletar as informações. As atividades propostas devem ter aspectos lúdicos, e deve-se considerar a diversão dos alunos durante a visita. Estes devem circular livremente pela exposição, para que eles mesmos possam se apropriar dos conteúdos.

Após a realização da visita, novamente em sala de aula, as atividades a serem propostas devem enfocar a análise dos dados coletados, fazendo novamente a integração entre os conhecimentos escolares e aqueles construídos no museu.

12.2 Proposição de problemas para os estágios nos museus

1º Problema

Visite um museu, uma exposição ou um centro de ciências. Analise as atividades expostas em termos das possíveis interações que possam ocorrer durante a visita.

É importante conhecer os museus ou exposições do ponto de vista das interações destes com seu público. Procure classificar se a relação dos objetos expostos com o público é contemplativa ou interativa. Se houver alguma interatividade, procure classificar os objetos e/ou experimentos em *hands-on*, *minds-on* ou *hearts-on*.

2º Problema

O professor que você está seguindo em seu estágio quer preparar uma ida a um museu. Como você planejaria uma unidade didática para ajudá-lo a preparar essa visita?

É importante preparar os alunos para a visita aos museus. Levantar problemas que possam ser solucionados ao percorrer a exposição faz os alunos tomarem consciência dos materiais expostos e também direciona a discussão da aula após a visita.

3º Problema

Como você descreveria a aula dada pelo professor após a visita ao museu? Como você organizaria uma aula semelhante?

A aula logo após a visita ao museu deve levar os alunos a discutir o que aprenderam e a relacionar o aprendido com o conteúdo que está sendo desenvolvido em classe. Se essa ligação não for feita, a visita perde o significado pedagógico e passa a ser mero divertimento. Passa de uma aprendizagem formal em um ambiente não formal, mais relaxado, a uma aprendizagem informal ou muitas vezes a nenhuma aprendizagem.

4º Problema

Acompanhe um grupo de alunos em uma visita a um museu. Observe se eles, em suas falas, relacionam o que estão vendo com o que já foi aprendido na escola.

Um desenvolvimento conceitual significativo só ocorre quando a visita é explicitamente conectada com os objetivos de aprendizagem que relacionam a atividade escolar com a visita ao museu (Lemelin e Bencze, 2004).

5º Problema

Analise as atividades mediadoras do educador do museu durante a visita feita com os alunos.

Os educadores ou mediadores do museu são aqueles que atuam nos setores educativos ou culturais dessas instituições. Podem ser monitores ou estudantes contratados para essa finalidade. Esses profissionais, ao assumirem a função, devem assumir também a tarefa de tornar o conhecimento produzido acessível aos mais variados públicos, despertando curiosidade, aguçando interesses e promovendo o contato com o patrimônio (Marandino, 2008).

CAPÍTULO 13
Os Estágios nos Estudos do Meio

13.1 Um pouco de teoria

O estudo do meio é uma das atividades de ensino de uma escola que mais proporcionam o trabalho interdisciplinar e a produção de conhecimento como um constructo coletivo e socialmente compartilhado. Segundo Pontuschka et al. (2007, p. 173),

> o estudo do meio é uma metodologia de ensino que pretende desvendar a complexidade de um espaço determinado extremamente dinâmico e em constante transformação, cuja totalidade dificilmente uma disciplina isolada pode dar conta de compreender.

Complementando essa definição, Bittencourt (2004, p. 273) destaca que "do ponto de vista do desenvolvimento intelectual, o estudo do meio favorece a aquisição de uma série de capacidades, destacando-se a observação e o domínio de organizar e analisar registros orais e visuais".

Aquino e Oliveira (2011, p. 79) adicionam a essas definições a ideia de que o estudo do meio é a prática da reflexão. Segundo os autores, não é possível pensar o estudo do meio, tomando seu principal elemento constituinte, a saída a campo, como comprobatório de abordagens de conteúdos anteriormente desenvolvidos ou a serem desenvolvidos em sala de aula (...) o meio é entendido como objeto, que possui um problema proposto em formulação pedagógica ou sugerido pelo próprio meio a ser tratado.

Como para a compreensão do meio e apreensão do espaço social, físico e biológico, essa atividade apresenta um caráter interdisciplinar. A presença de professores de vários componentes curriculares facilita a efetivação dessa atividade, pois cada um deles possui uma formação específica necessária à compreensão do meio, proporcionando a existência simultânea de muitos olhares.

Aquino e Oliveira (2011) dão como exemplos de práticas de estudo do meio que adquirem um caráter mais investigativo, além de mobilizarem diferentes disciplinas, aquelas que enfocam o cotidiano, a identidade, a memória, a paisagem, a população e o contexto do meio a ser explorado. Para o cotidiano, os autores propõem a problematização das "dinâmicas de subtração, acrescimentos, alterações, desvios, continuidades, rotinas, hábitos que ajudam a compor a poética do meio e revelam a vida do homem por inteiro" (p. 79). Destacam também que os processos identitários e a constituição de memória impõem questões importantes para o estudo do meio. Assim, as memórias "incrustadas em monumentos, fábricas, escolas, igrejas, praças e ruas dão pistas significativas do processo de ocupação e alteração do espaço" (p. 79). A importância da memória auditiva e olfativa também é ressaltada pelos autores, que dão exemplos de uma série de questões que podem ser estudadas pesquisando as alterações da paisagem e a dinâmica dessas alterações no meio a ser trabalhado com os alunos.

O planejamento de um estudo do meio consiste de várias etapas, que se iniciam com a busca de um eixo organizador das situações de aprendizagem. Esse momento mobiliza a escola, seus professores, seus alunos, no levantamento de um problema que aproxime as diversas áreas do conhecimento, tendo em vista a melhoria da formação do aluno. É o próprio grupo de professores que deve definir o objeto principal da pesquisa a ser feita pelos alunos, a partir dos objetivos disciplinares, visando ao planejamento de ações interdisciplinares. Assim, os possíveis locais de escolha são organizados em uma lista, discutidos, visitados, para verificação de qual deles atende melhor aos objetivos de cada uma das disciplinas. É o desafio de um trabalho coletivo!

Após essa definição coletiva do meio e das questões que serão estudadas pelos alunos, é preciso uma preparação prévia com a seleção dos principais instrumentos de coleta de dados para cada uma das disciplinas e das tarefas que serão desenvolvidas durante o estudo, como o levantamento dos sujeitos sociais a serem contatados para entrevistas. É preciso também discutir com os alunos a importância da elaboração de seus 'cadernos de campo', que serão a fonte de dados para a discussão posterior, no retorno à sala de aula. É nesse caderno que os alunos, individualmente ou em grupo, registrarão o roteiro da pesquisa de campo, os textos importantes para suas observações, as entrevistas feitas, as fotos tiradas, seus desenhos, suas sensações etc.

Além dessas tarefas intelectuais, algumas questões práticas precisam ser equacionadas: o tempo entre a saída da escola e a chegada ao local da pesquisa de campo; o tipo de transporte necessário; os mapas do local; os pontos de visitação; o melhor lugar e horário para obter depoimentos, entrevistar moradores e produzir os outros registros, como desenhos, fotos, filmagens etc. É importante também avaliar de forma criteriosa a receptividade do meio aos seus alunos.

Durante a ida ao meio, é preciso ter consciência de que essa atividade não é um passeio ou uma tentativa de comprovar conteúdos já desenvolvidos anteriormente nas salas de aula. O propósito da saída a campo é o próprio meio, aqui entendido como objeto, que possui os problemas propostos. É um processo de construção de conhecimento que, diante de um meio qualquer, seja urbano, seja rural, deve aguçar a reflexão dos alunos.

O estudo do meio não se encerra com o trabalho de campo. A organização dos dados coletados e sua análise constituem um momento muito rico, que possibilita a troca de impressões sobre o meio entre os alunos e seus professores. É quando cada grupo relata aos demais o resultado de seu trabalho, iniciando assim o processo de análise dos registros feitos pelos desenhos, fotos, anotações e entrevistas.

O produto final do estudo do meio pode ser divulgado através de um painel, um site, um ensaio fotográfico, um vídeo ou outro meio que os alunos proponham. Esse produto final pode ser avaliado juntamente com o processo e o grau de envolvimento e mobilização dos alunos. Ele deve expressar a síntese do estudo do meio realizado.

13.2 Proposição de problemas para os estágios nos estudos do meio

1º Problema

O professor que você está seguindo em seu estágio está envolvido na preparação de um estudo do meio. Observe as atividades desenvolvidas pelo professor. Participe desse planejamento. Faça um relato em seu caderno de estágio para discussão posterior com seus colegas estagiários e com o orientador de seu estágio.

É muito importante observar e participar ativamente das atividades de preparação de um estudo do meio em uma escola. Observe o trabalho interdisciplinar, as reuniões de professores, as discussões dos problemas a serem trabalhados pelos alunos e, principalmente, o modo como é escolhido o meio para ser estudado.

2º Problema

Durante a(s) aula(s) do professor antes da saída a campo, observe as orientações e as discussões com os alunos sobre o desenvolvimento das atividades a serem desenvolvidas no meio. Observe como o professor discutiu sobre as anotações que os alunos deverão fazer no 'caderno de campo'.

É importante verificar se os alunos participaram ativamente das discussões sobre os problemas a serem observados e o tipo de dado a ser colhido. Se entrevistas forem propostas, é preciso que os alunos saibam como fazê-las. O caderno de campo é um elemento importante em todo o trabalho a ser desenvolvido pelos alunos e será essencial na sistematização dos dados.

> **3º Problema**
>
> Durante a ida a campo, acompanhe um grupo de alunos em suas tarefas. Observe a discussão do grupo e anote os pontos positivos e negativos do trabalho desenvolvido pelos alunos, para posterior discussão em seu relatório de estágio.

Apesar de o estudo do meio não se reduzir à ida a campo, essa atividade é sem dúvida a principal de toda a sequência de ensino planejada. O engajamento dos alunos durante essa etapa vai mostrar se os problemas escolhidos foram importantes ou não para a classe.

> **4º Problema**
>
> Após a ida a campo, como o professor sistematiza todos os dados obtidos pelos alunos? Como ele socializa os dados dos grupos? Observe o trabalho do professor e dos alunos nessa etapa final do estudo do meio.

Pensar o estudo do meio como um projeto de pesquisa a ser realizado pelos alunos leva à necessidade de análise dos dados obtidos durante a ida a campo. Também faz parte do ensino do processo científico ensinar a divulgar os conhecimentos construídos. Como isso foi feito? Os conhecimentos foram socializados pelos grupos na classe ou existiu uma maior preocupação em mostrar o que foi feito para toda a escola?

PARTE 6
Organizando o Plano de Estágio

CAPÍTULO 14
Organizando o Plano de Estágio

14.1 Discussão

Nas partes anteriores deste livro, discutimos alguns dos mais frequentes tipos de estágios visando proporcionar aos estagiários um direcionamento para uma das atividades importantes de sua formação. Assim, procuramos abordar primeiro a gestão escolar (Parte 1) e o grande tema da observação do ensino e da aprendizagem dos alunos em suas quatro dimensões fundamentais: a interação professor-aluno, o conteúdo ensinado, as habilidades dos professores e o processo de avaliação (Parte 2). Esses são tipos de estágios em que o papel do licenciando é mais passivo, procurando extrair dados, analisá-los e refletir sobre as possíveis interações do professor em uma escola e a importância de seu desempenho no ensino e, principalmente, na aprendizagem dos alunos. Apesar de mais passivos, esses dois tipos de estágios têm por objetivo criar condições para uma crítica fundamentada ao ensino tradicional e subsídios para a elaboração de ações na escola e na sala de aula.

Propusemos a seguir os estágios em que as participações dos licenciandos requerem maior interação com os alunos: as regências, que são ações a serem desenvolvidas na sala de aula (Parte 3); os projetos de pesquisa, que são questões a serem investigadas na escola (Parte 4), e os estágios em espaços não formais, em que as ações dos estagiários ultrapassam os muros escolares (Parte 5).

Entretanto, a lógica do livro nem sempre é a do estagiário, pois cada um dos licenciandos tem uma história de vida que interfere na organização dos estágios: por exemplo, ele já teve experiências didáticas anteriores; já teve contato com a escola em que quer estagiar; conhece o professor ou a professora com quem pretende trabalhar; tem uma sequência didática pronta que quer testar etc. Portanto cada estagiário poderá fazer um plano de estágio próprio, dependendo de suas condições iniciais. Na próxima seção, iremos propor exemplos de vários planos de estágios que podem servir de base para essa elaboração.

Outro fator que também interfere na elaboração dos planos de estágios é a relação dos estágios com as disciplinas do currículo dos cursos de licenciatura. Existem diversas estruturas curriculares para os cursos de formação de professores e, em cada uma delas, os estágios são alocados de formas diferentes. Por exemplo: encontramos currículos de licenciatura em que os estágios são considerados disciplinas autônomas, portanto os estagiários vão às escolas com muita liberdade, mas com muito pouco direcionamento do que fazer nessas atividades. Nesses casos, os exemplos de planos de estágios, propostos na próxima seção, podem ser de grande ajuda.

Em outras estruturas curriculares, os estágios são integrados às disciplinas que tratam do ensino dos conteúdos específicos, tais como a Metodologia de Ensino de um conteúdo específico ou a Prática de Ensino desse conteúdo. Nesses casos, os estágios, como parte integrante das disciplinas, terão uma maior interação teoria-prática e, assim, os problemas a serem observados e as ações a serem executadas nas escolas poderão ter uma análise mais profunda do que no primeiro caso apresentado. Outros problemas, além dos propostos neste livro, poderão ser pesquisados. Os planos de estágios, nessas condições, deverão ser propostos em conjunto: estagiário e professor da disciplina.

Encontramos também estruturas curriculares de cursos de licenciatura nas quais as horas de estágios são divididas entre as disciplinas da parte educacional desses cursos. Assim, observamos estágios junto com as disciplinas que estudam a estrutura da escola, a psicologia da educação, a didática geral, a filosofia da educação e a metodologia ou didática do conteúdo específico. Nesses casos, os estágios tomam outras dimensões, serão muito mais ricos, pois outros problemas, além daqueles apresentados neste livro, poderão ser propostos, discutidos e analisados, proporcionando uma formação mais completa para os futuros professores.

Entretanto, qualquer que seja a estrutura do currículo do curso de licenciatura do estagiário, ele deve preparar um plano de estágio visando ter ideia do conjunto das atividades a serem realizadas durante o período em que vivenciará a escola básica.

14.2 Exemplos de planos de estágios

Os alunos dos cursos de licenciatura têm, em relação a seus estágios, perfis bastante diferentes: alguns não entram em uma sala de aula da escola fundamental ou média desde quando foram alunos desses níveis; outros, ao contrário, já são professores há vários anos na época em que são obrigados a fazer os estágios. As atividades de estágios devem servir e ser bem aproveitadas em ambos os casos, mas para isso os planos de estágios precisam ter características próprias muito bem relacionadas com as histórias de vida de cada aluno.

Procuramos, nos exemplos organizados, caracterizar as principais situações dos alunos quando iniciam seus estágios. Não temos a pretensão de abranger todas as situações, portanto propomos as quatro mais frequentes.

Exemplo 1

Descrição da situação do estagiário: um aluno que não tem relacionamento com nenhuma escola, nunca deu aula em uma classe normal, sua experiência didática é, no máximo, de aulas particulares. Nunca discutiu o conteúdo que deverá ensinar no nível da escola básica. O que sabe desse conteúdo é o que aprendeu quando foi aluno dos cursos fundamental e médio.

Nesse caso, o plano de estágio pode ser:

- **Estágio que visa conhecer a escola**. Durante essas horas de estágio, o aluno poderá, além de conhecer a escola (atividades do Capítulo 1), conhecer também os professores de sua disciplina, saber seus horários no estabelecimento, ver com quem tem mais afinidade para desenvolver um trabalho produtivo. Isso é muito importante, pois se o estagiário vai permanecer um grande período na escola, que esse tempo seja produtivo para ele, para o professor que vai recebê-lo e, principalmente, para os alunos desse estabelecimento.
- **Estágio de coparticipação**. Em um primeiro contato com o professor, proponha ajudá-lo, antes de observá-lo. A observação é muito proveitosa para o estagiário, mas é constrangedora para o professor. Assim, é preciso ir devagar: primeiro conquistando a confiança do professor ajudando-o em suas tarefas, exemplificadas na Parte 3 e com as quais o estagiário irá aprender bastante, para depois fazer um trabalho mais sistemático de observação. Entretanto, na maioria das vezes, o próprio professor convida o estagiário para assistir a suas aulas.
- **Estágio de observação**. Os estagiários devem aproveitar cada uma das aulas para fazer as observações propostas no Capítulo 3, procurando resolver os problemas que focalizam as interações verbais professor-alunos, os pontos que caracterizam a exposição do conteúdo e descrevendo os incidentes críticos que porventura ocorram durante as aulas. Uma observação analítica de um conjunto de aulas pode caracterizar um aprendizado muito importante para a futura profissão, pois irá proporcionar instrumentos ao futuro professor para uma reflexão sobre suas próprias aulas.
- **Estágio de regência**. As regências de aulas nesses casos devem iniciar de forma suave, sem um trauma de enfrentar uma classe pela primeira vez. Sugerimos que o estagiário comece por ajudar o professor nas aulas de exercícios, passando pela

classe auxiliando os alunos em suas dúvidas, nas aulas em que se formam grupos, interagindo com cada um deles. Quando a figura do estagiário não for mais um corpo estranho na classe, quando ele se sentir seguro e tiver conquistado a confiança do professor, então é importante pedir para reger algumas aulas na sequência estabelecida pelo próprio professor.

- **Estágio de pesquisa**. Esse estágio depende unicamente do interesse do licenciando, entretanto, o problema que estuda a disciplina/indisciplina na escola e na classe é importante para seu trabalho como profissional. O problema sobre a avaliação é interessante, uma vez que caracteriza um importante viés da profissão de professor.
- **Estágios em espaços não formais**. Estes só serão feitos se o professor que recebe os estagiários propuser essas atividades.

Exemplo 2

Descrição da situação do estagiário: esse estagiário tem uma situação muito semelhante à descrita no primeiro exemplo: não tem relacionamento com nenhuma escola, nunca deu aula em escola, sua experiência didática é, no máximo, de aulas particulares. Entretanto, ele tem uma sequência didática preparada que gostaria ou precisa experimentar. Essa sequência didática pode ter sido planejada em uma disciplina de conteúdo específico de seu curso de licenciatura ou mesmo no curso de metodologia do ensino ou prática de ensino.

Nesse caso, o plano de estágio pode ser semelhante ao anterior com pequenas modificações:

- **Estágio que visa conhecer a escola.** É necessário ao estagiário entender a escola em que vai ministrar suas aulas, principalmente como a direção do estabelecimento vê as atividades extraclasses e se elas são oferecidas com frequência aos alunos. É importante também conhecer as condições em que os

alunos costumam frequentar cursos extras, o projeto político-pedagógico da escola e os conteúdos programáticos planejados para serem desenvolvidos pelos professores da disciplina em questão.
- **Estágio de coparticipação.** É preciso estabelecer um bom relacionamento com o professor ou professores de sua disciplina, pois eles têm grande influência sobre seus alunos e podem incentivar ou desestimular a presença destes no minicurso que o estagiário irá propor. Além disso, ajudando o professor nas suas tarefas cotidianas, o estagiário conhecerá também o nível cognitivo e conceitual dos alunos e se eles têm os pré-requisitos necessários para o desenvolvimento do minicurso.
- **Estágio de regência.** A regência será o próprio minicurso já programado. Entre os cuidados para essa execução, uma coisa não deve ser esquecida: a gravação em vídeo ou em áudio das aulas dadas. É com base nesse material gravado que o estagiário fará seu estágio de observação.
- **Estágio de observação.** Como indicado no capítulo que estuda os estágios de regência, as aulas dos minicursos devem servir de base para a autoavaliação do estagiário. Vendo suas gravações em vídeo ou em áudio, ele deverá resolver os problemas propostos na Parte 2, observando o nível de sua interação com os alunos, se os objetivos planejados, em termos de conteúdo, foram realmente executados e, principalmente, sua posição como professor: dialógico ou autoritário.
- **Estágio de regência.** Muitas e muitas vezes, principalmente para os estagiários que nunca deram aulas, os minicursos não saem como planejaram. É muito importante ter a possibilidade de executá-lo novamente, de modo que esse novo professor ganhe confiança e aprenda com seus erros. O estágio serve para isso mesmo: oferecer aos iniciantes a oportunidade de errar e corrigir seus erros.
- **Estágios de pesquisa e em espaços não formais.** As mesmas indicações dadas no exemplo anterior.

Exemplo 3

Descrição da situação do estagiário: Este aluno tem relacionamento com a escola por ter estudado nesse estabelecimento e conhece bem tanto a direção como os membros do corpo docente. Aprecia e respeita o professor que vai recebê-lo, entretanto é um estagiário sem experiência didática regular.

- **Estágio que visa conhecer a escola.** O estagiário conhece a escola, isto é, seu corpo docente ou parte dele. Mesmo que ele já tenha sido aluno dessa escola, é interessante agora conhecê-la como profissional. O trabalho da direção e dos coordenadores é diferente visto por um aluno ou por um professor. O mesmo ocorre com a sala dos professores, lugar inacessível a ele enquanto aluno. Conhecer o projeto político-pedagógico da escola e compará-lo com sua própria experiência é sempre interessante. Mesmo que essa parte do estágio seja pequena, não deve ser desprezada.
- **Estágio de coparticipação.** Esse tipo de estágio é muito facilitado quando há uma boa convivência entre o estagiário e o professor que o recebe.
- **Estágio de observação.** O estagiário pode discutir com o professor os problemas propostos para a observação sistemática (Capítulo 3) e lhe pedir que faça as observações de suas aulas, em vez de o estagiário fazer a observação das aulas do professor. As discussões dessas observações entre o professor da escola e o estagiário proporcionarão reflexões sobre o ensino e a aprendizagem.
- **Estágio de regência.** Com o auxílio do professor da escola, a regência pode começar com pequenas intervenções na aula – por exemplo, o estagiário pode ser responsável por um exercício, pela demonstração de uma experiência, pelo fechamento da aula, até que se sinta confiante para assumir uma aula ou mesmo uma sequência didática inteira. Uma regência assistida e, ao mesmo tempo, discutida em relação ao conteúdo ensi-

nado e a interação professor-aluno trazem muita segurança ao estagiário.
- **Estágio de pesquisa.** Este pode ser feito a partir de uma discussão com o professor que recebe o estagiário.
- **Estágio em espaços não formais.** Depende do professor que está recebendo o estagiário.

Exemplo 4

Descrição da situação do estagiário: este aluno já é um professor da disciplina para a qual está se formando. Esse é um caso típico, principalmente para as disciplinas da área de física e química do curso médio, nas quais há falta de profissionais formados. Nesses casos, os estágios podem passar a ter o significado de uma atividade de formação continuada se o aluno-professor aproveitar os problemas sugeridos neste livro para se autoanalisar, fazendo o que Schön (1992) propõe há duas décadas para a formação de professores: a reflexão na ação e a reflexão sobre a ação.

- **Estágio que visa conhecer a escola** e **estágio de coparticipação** não têm significado para esse aluno.
- **Estágio de regência** e **estágio de observação** deverão ser bem entrelaçados, isto é, o estagiário deverá escolher e ter bem claro o problema que quer observar (Parte 2) e então selecionar para gravar, em vídeo ou mesmo em áudio, parte de uma dada aula. Depois, com calma, ele fará a observação de sua própria aula. O estagiário terá então condições para uma reflexão sistemática sobre suas ações, o que lhe fornecerá instrumentalização para uma reflexão durante suas próximas ações em sala de aula.
- **Estágios de pesquisa.** Alguns problemas podem ser propostos especialmente para esse estagiário que já é professor e dá aulas em várias classes. Por exemplo:
    1. Analisando a interação professor-aluno em classes diferentes – uma de que gosta e outra de que não gosta –, o

comportamento do professor é diferente nas duas classes (em termos de número de questões, de elogios, de repreensões)? É o comportamento do professor que provoca um comportamento diferente nos alunos ou vice-versa?
2. Analisando a interação professor-aluno em várias aulas seguidas e iguais – por exemplo, 2º ano A, 2º ano B, 2º ano C –, o nível dessa interação é constante ou diminui, tendendo a uma participação dos alunos quase inexistente?

ANEXO

ANEXO
Documentos Oficiais

Apresentamos os documentos oficiais sobre os estágios na formação dos professores: primeiro, a Lei nº 11.788 de 25 de setembro de 2008, que definiu os estágios, depois a Resolução do Conselho Nacional de Educação, que os regulamentou e, por fim, a resolução da Universidade de São Paulo, como um exemplo de como as universidades também podem legislar sobre o assunto.

LEI Nº 11.788, DE 25 DE SETEMBRO DE 2008.

> Dispõe sobre o estágio de estudantes; altera a redação do art. 428 da Consolidação das Leis do Trabalho – CLT, aprovada pelo Decreto-Lei no 5.452, de 1º de maio de 1943, e a Lei nº 9.394, de 20 de dezembro de 1996; revoga as Leis nºs 6.494, de 7 de dezembro de 1977, e 8.859, de 23 de março de 1994, o parágrafo único do art. 82 da Lei nº 9.394, de 20 de dezembro de 1996, e o art. 6º da Medida Provisória nº 2.164-41, de 24 de agosto de 2001; e dá outras providências.

O PRESIDENTE DA REPÚBLICA Faço saber que o Congresso Nacional decreta e eu sanciono a seguinte Lei:

CAPÍTULO I
DA DEFINIÇÃO, CLASSIFICAÇÃO E RELAÇÕES DE ESTÁGIO

Art. 1º Estágio é ato educativo escolar supervisionado, desenvolvido no ambiente de trabalho, que visa à preparação para o trabalho produtivo de educandos que estejam frequentando o ensino regular em instituições de educação superior, de educação profissional, de ensino médio, da educação especial e dos anos finais do ensino fundamental, na modalidade profissional da educação de jovens e adultos.

§ 1º O estágio faz parte do projeto pedagógico do curso, além de integrar o itinerário formativo do educando.

§ 2º O estágio visa ao aprendizado de competências próprias da atividade profissional e à contextualização curricular, objetivando o desenvolvimento do educando para a vida cidadã e para o trabalho.

Art. 2º O estágio poderá ser obrigatório ou não obrigatório, conforme determinação das diretrizes curriculares da etapa, modalidade e área de ensino e do projeto pedagógico do curso.

§ 1º Estágio obrigatório é aquele definido como tal no projeto do curso, cuja carga horária é requisito para aprovação e obtenção de diploma.

§ 2º Estágio não obrigatório é aquele desenvolvido como atividade opcional, acrescida à carga horária regular e obrigatória.

§ 3º As atividades de extensão, de monitorias e de iniciação científica na educação superior, desenvolvidas pelo estudante, somente poderão ser equiparadas ao estágio em caso de previsão no projeto pedagógico do curso.

Art. 3º O estágio, tanto na hipótese do § 1º do art. 2º desta Lei quanto na prevista no § 2º do mesmo dispositivo, não cria vínculo empregatício de qualquer natureza, observados os seguintes requisitos:

I – matrícula e frequência regular do educando em curso de educação superior, de educação profissional, de ensino médio, da educação especial e nos anos finais do ensino fundamental, na modalidade profissional da educação de jovens e adultos e atestados pela instituição de ensino;

II – celebração de termo de compromisso entre o educando, a parte concedente do estágio e a instituição de ensino;

III – compatibilidade entre as atividades desenvolvidas no estágio e aquelas previstas no termo de compromisso.

§ 1º O estágio, como ato educativo escolar supervisionado, deverá ter acompanhamento efetivo pelo professor orientador da instituição de ensino e por supervisor da parte concedente, comprovado por vistos nos relatórios referidos no inciso IV do caput do art. 7º desta Lei e por menção de aprovação final.

§ 2º O descumprimento de qualquer dos incisos deste artigo ou de qualquer obrigação contida no termo de compromisso caracteriza vínculo de emprego do educando com a parte concedente do estágio para todos os fins da legislação trabalhista e previdenciária.

Art. 4º A realização de estágios, nos termos desta Lei, aplica-se aos estudantes estrangeiros regularmente matriculados em cursos superiores no País, autorizados ou reconhecidos, observado o prazo do visto temporário de estudante, na forma da legislação aplicável.

Art. 5º As instituições de ensino e as partes cedentes de estágio podem, a seu critério, recorrer a serviços de agentes de integração públicos e privados, mediante condições acordadas em instrumento jurídico apropriado, devendo ser observada, no caso de contratação com recursos públicos, a legislação que estabelece as normas gerais de licitação.

§ 1º Cabe aos agentes de integração, como auxiliares no processo de aperfeiçoamento do instituto do estágio:

I – identificar oportunidades de estágio;

II – ajustar suas condições de realização;

III – fazer o acompanhamento administrativo;

IV – encaminhar negociação de seguros contra acidentes pessoais;

V – cadastrar os estudantes.

§ 2º É vedada a cobrança de qualquer valor dos estudantes, a título de remuneração pelos serviços referidos nos incisos deste artigo.

§ 3º Os agentes de integração serão responsabilizados civilmente se indicarem estagiários para a realização de atividades não compatíveis com a programação curricular estabelecida para cada curso, assim como estagiários matriculados em cursos ou instituições para as quais não há previsão de estágio curricular.

Art. 6º O local de estágio pode ser selecionado a partir de cadastro de partes cedentes, organizado pelas instituições de ensino ou pelos agentes de integração.

CAPÍTULO II
DA INSTITUIÇÃO DE ENSINO

Art. 7º São obrigações das instituições de ensino, em relação aos estágios de seus educandos:

I – celebrar termo de compromisso com o educando ou com seu representante ou assistente legal, quando ele for absoluta ou relativamente incapaz, e com a parte concedente, indicando as condições de adequação do estágio à proposta pedagógica do curso, à etapa e modalidade da formação escolar do estudante e ao horário e calendário escolar;

II – avaliar as instalações da parte concedente do estágio e sua adequação à formação cultural e profissional do educando;

III – indicar professor orientador, da área a ser desenvolvida no estágio, como responsável pelo acompanhamento e avaliação das atividades do estagiário;

IV – exigir do educando a apresentação periódica, em prazo não superior a 6 (seis) meses, de relatório das atividades;

V – zelar pelo cumprimento do termo de compromisso, reorientando o estagiário para outro local em caso de descumprimento de suas normas;

VI – elaborar normas complementares e instrumentos de avaliação dos estágios de seus educandos;

VII – comunicar à parte concedente do estágio, no início do período letivo, as datas de realização de avaliações escolares ou acadêmicas.

Parágrafo único. O plano de atividades do estagiário, elaborado em acordo das 3 (três) partes a que se refere o inciso II do caput do art. 3º desta Lei, será incorporado ao termo de compromisso por meio de aditivos à medida que for avaliado, progressivamente, o desempenho do estudante.

Art. 8º É facultado às instituições de ensino celebrar com entes públicos e privados convênio de concessão de estágio, nos quais se explicitem o processo educativo compreendido nas atividades programadas para seus educandos e as condições de que tratam os arts. 6º a 14 desta Lei.

Parágrafo único. A celebração de convênio de concessão de estágio entre a instituição de ensino e a parte concedente não dispensa a celebração do termo de compromisso de que trata o inciso II do caput do art. 3º desta Lei.

CAPÍTULO III
DA PARTE CONCEDENTE

Art. 9º As pessoas jurídicas de direito privado e os órgãos da administração pública direta, autárquica e fundacional de qualquer dos Poderes da União, dos Estados, do Distrito Federal e dos Municípios, bem como profissionais liberais de nível superior devidamente registrados em seus respectivos conselhos de fiscalização profissional, podem oferecer estágio, observadas as seguintes obrigações:

I – celebrar termo de compromisso com a instituição de ensino e o educando, zelando por seu cumprimento;

II – ofertar instalações que tenham condições de proporcionar ao educando atividades de aprendizagem social, profissional e cultural;

III – indicar funcionário de seu quadro de pessoal, com formação ou experiência profissional na área de conhecimento desenvolvida no curso do estagiário, para orientar e supervisionar até 10 (dez) estagiários simultaneamente;

IV – contratar em favor do estagiário seguro contra acidentes pessoais, cuja apólice seja compatível com valores de mercado, conforme fique estabelecido no termo de compromisso;

V – por ocasião do desligamento do estagiário, entregar termo de realização do estágio com indicação resumida das atividades desenvolvidas, dos períodos e da avaliação de desempenho;

VI – manter à disposição da fiscalização documentos que comprovem a relação de estágio;

VII – enviar à instituição de ensino, com periodicidade mínima de 6 (seis) meses, relatório de atividades, com vista obrigatória ao estagiário.

Parágrafo único. No caso de estágio obrigatório, a responsabilidade pela contratação do seguro de que trata o inciso IV do caput deste artigo poderá, alternativamente, ser assumida pela instituição de ensino.

CAPÍTULO IV
DO ESTAGIÁRIO

Art. 10. A jornada de atividade em estágio será definida de comum acordo entre a instituição de ensino, a parte concedente e o aluno estagiário ou seu representante legal, devendo constar do termo de compromisso ser compatível com as atividades escolares e não ultrapassar:

I – 4 (quatro) horas diárias e 20 (vinte) horas semanais, no caso de estudantes de educação especial e dos anos finais do ensino fundamental, na modalidade profissional de educação de jovens e adultos;

II – 6 (seis) horas diárias e 30 (trinta) horas semanais, no caso de estudantes do ensino superior, da educação profissional de nível médio e do ensino médio regular.

§ 1º O estágio relativo a cursos que alternam teoria e prática, nos períodos em que não estão programadas aulas presenciais, poderá ter jornada de até 40 (quarenta) horas semanais, desde que isso esteja previsto no projeto pedagógico do curso e da instituição de ensino.

§ 2º Se a instituição de ensino adotar verificações de aprendizagem periódicas ou finais, nos períodos de avaliação, a carga horária do estágio será reduzida pelo menos à metade, segundo estipulado no termo de compromisso, para garantir o bom desempenho do estudante.

Art. 11. A duração do estágio, na mesma parte concedente, não poderá exceder 2 (dois) anos, exceto quando se tratar de estagiário portador de deficiência.

Art. 12. O estagiário poderá receber bolsa ou outra forma de contraprestação que venha a ser acordada, sendo compulsória a sua concessão, bem como a do auxílio-transporte, na hipótese de estágio não obrigatório.

§ 1º A eventual concessão de benefícios relacionados a transporte, alimentação e saúde, entre outros, não caracteriza vínculo empregatício.

§ 2º Poderá o educando inscrever-se e contribuir como segurado facultativo do Regime Geral de Previdência Social.

Art. 13. É assegurado ao estagiário, sempre que o estágio tenha duração igual ou superior a 1 (um) ano, período de recesso de 30 (trinta) dias, a ser gozado preferencialmente durante suas férias escolares.

§ 1º O recesso de que trata este artigo deverá ser remunerado quando o estagiário receber bolsa ou outra forma de contraprestação.

§ 2º Os dias de recesso previstos neste artigo serão concedidos de maneira proporcional, nos casos de o estágio ter duração inferior a 1 (um) ano.

Art. 14. Aplica-se ao estagiário a legislação relacionada à saúde e segurança no trabalho, sendo sua implementação de responsabilidade da parte concedente do estágio.

CAPÍTULO V
DA FISCALIZAÇÃO

Art. 15. A manutenção de estagiários em desconformidade com esta Lei caracteriza vínculo de emprego do educando com a parte concedente do estágio para todos os fins da legislação trabalhista e previdenciária.

§ 1º A instituição privada ou pública que reincidir na irregularidade de que trata este artigo ficará impedida de receber estagiários por 2 (dois) anos, contados da data da decisão definitiva do processo administrativo correspondente.

§ 2º A penalidade de que trata o § 1º deste artigo limita-se à filial ou agência em que for cometida a irregularidade.

CAPÍTULO VI
DAS DISPOSIÇÕES GERAIS

Art. 16. O termo de compromisso deverá ser firmado pelo estagiário ou com seu representante ou assistente legal e pelos representantes legais da parte concedente e da instituição de ensino, vedada a atuação dos agentes de integração a que se refere o art. 5º desta Lei como representante de qualquer das partes.

Art. 17. O número máximo de estagiários em relação ao quadro de pessoal das entidades concedentes de estágio deverá atender às seguintes proporções:

I – de 1 (um) a 5 (cinco) empregados: 1 (um) estagiário;
II – de 6 (seis) a 10 (dez) empregados: até 2 (dois) estagiários;
III – de 11 (onze) a 25 (vinte e cinco) empregados: até 5 (cinco) estagiários;
IV – acima de 25 (vinte e cinco) empregados: até 20% (vinte por cento) de estagiários.

§ 1º Para efeito desta Lei, considera-se quadro de pessoal o conjunto de trabalhadores empregados existentes no estabelecimento do estágio.

§ 2º Na hipótese de a parte concedente contar com várias filiais ou estabelecimentos, os quantitativos previstos nos incisos deste artigo serão aplicados a cada um deles.

§ 3º Quando o cálculo do percentual disposto no inciso IV do caput deste artigo resultar em fração, poderá ser arredondado para o número inteiro imediatamente superior.

§ 4º Não se aplica o disposto no caput deste artigo aos estágios de nível superior e de nível médio profissional.

§ 5º Fica assegurado às pessoas portadoras de deficiência o percentual de 10% (dez por cento) das vagas oferecidas pela parte concedente do estágio.

Art. 18. A prorrogação dos estágios contratados antes do início da vigência desta Lei apenas poderá ocorrer se ajustada às suas disposições.

Art. 19. O art. 428 da Consolidação das Leis do Trabalho – CLT, aprovada pelo Decreto-Lei nº 5.452, de 1º de maio de 1943, passa a vigorar com as seguintes alterações:

"Art. 428..

§ 1º A validade do contrato de aprendizagem pressupõe anotação na Carteira de Trabalho e Previdência Social, matrícula e frequência do aprendiz na escola, caso não haja concluído o ensino médio, e inscrição em programa de aprendizagem desenvolvido sob orientação de entidade qualificada em formação técnico-profissional metódica.

....

§ 3º O contrato de aprendizagem não poderá ser estipulado por mais de 2 (dois) anos, exceto quando se tratar de aprendiz portador de deficiência.

....

§ 7º Nas localidades onde não houver oferta de ensino médio para o cumprimento do disposto no § 1º deste artigo, a contratação do aprendiz poderá ocorrer sem a frequência à escola, desde que ele já tenha concluído o ensino fundamental." (NR)

Art. 20. O art. 82 da Lei nº 9.394, de 20 de dezembro de 1996, passa a vigorar com a seguinte redação:

"Art. 82. Os sistemas de ensino estabelecerão as normas de realização de estágio em sua jurisdição, observada a lei federal sobre a matéria.

Parágrafo único. (Revogado)." (NR)

Art. 21. Esta Lei entra em vigor na data de sua publicação.

Art. 22. Revogam-se as Leis nºs 6.494, de 7 de dezembro de 1977, e 8.859, de 23 de março de 1994, o parágrafo único do art. 82 da Lei nº 9.394, de 20 de dezembro de 1996, e o art. 6º da Medida Provisória nº 2.164-41, de 24 de agosto de 2001.

Brasília, 25 de setembro de 2008; 187º da Independência e 120º da República.

LUIZ INÁCIO LULA DA SILVA
Fernando Haddad
André Peixoto Figueiredo Lima

CONSELHO NACIONAL DE EDUCAÇÃO
CONSELHO PLENO

RESOLUÇÃO CNE/CP 2, DE 19 DE FEVEREIRO DE 2002.(*)

> Institui a duração e a carga horária dos cursos de licenciatura, de graduação plena, de formação de professores da Educação Básica em nível superior.

O Presidente do Conselho Nacional de Educação, de conformidade com o disposto no Art. 7º § 1º, alínea "f", da Lei 9.131, de 25 de novembro de 1995, com fundamento no Art. 12 da Resolução CNE/CP 1/2002, e no Parecer CNE/CP 28/2001, homologado pelo Senhor Ministro de Estado da Educação em 17 de janeiro de 2002, resolve:

Art. 1º A carga horária dos cursos de Formação de Professores da Educação Básica, em nível superior, em curso de licenciatura, de graduação plena, será efetivada mediante a integralização de, no mínimo, 2800 (duas mil e oitocentas) horas, nas quais a articulação teoria-prática garanta, nos termos dos seus projetos pedagógicos, as seguintes dimensões dos componentes comuns:

I – 400 (quatrocentas) horas de prática como componente curricular, vivenciadas ao longo do curso;

II – 400 (quatrocentas) horas de estágio curricular supervisionado a partir do início da segunda metade do curso;

III – 1800 (mil e oitocentas) horas de aulas para os conteúdos curriculares de natureza científico-cultural;

IV – 200 (duzentas) horas para outras formas de atividades acadêmico-científico-culturais.

Parágrafo único. Os alunos que exerçam atividade docente regular na educação básica poderão ter redução da carga horária do estágio curricular supervisionado até o máximo de 200 (duzentas) horas.

Art. 2º A duração da carga horária prevista no Art. 1º desta Resolução, obedecidos os 200 (duzentos) dias letivos/ano dispostos na LDB, será integralizada em, no mínimo, 3 (três) anos letivos.

---

* CNE. Resolução CNE/CP 2/2002. Diário Oficial da União, Brasília, 4 de março de 2002. Seção 1, p. 9.

Art. 3º Esta Resolução entra em vigor na data de sua publicação.

Art. 4º Revogam-se o § 2º e o § 5º do Art. 6º, o § 2º do Art. 7º e o § 2º do Art. 9º da Resolução CNE/CP 1/99.

ULYSSES DE OLIVEIRA PANISSET
Presidente do Conselho Nacional de Educação

RESOLUÇÃO Nº 5528, DE 18 DE MARÇO DE 2009.
(D.O.E. – 20.03.2009)

> Disciplina a concessão de estágios na Universidade de São Paulo e os realizados por seus alunos em instituições externas.

A Reitora da Universidade de São Paulo, usando de suas atribuições legais, considerando a deliberação do Conselho de Graduação, em sessão de 13.11.2008, e *ad referendum* da CLR e da Comissão de Orçamento e Patrimônio, baixa a seguinte

RESOLUÇÃO:

Artigo 1º – Os estágios obrigatórios e não obrigatórios de alunos regulares de cursos de graduação e pós-graduação da Universidade de São Paulo, realizados nas suas dependências ou em instituições externas, serão regidos pela presente Resolução.

§ 1º – Os estágios obrigatórios e não obrigatórios de alunos regulares de cursos de graduação devem constar do Projeto Pedagógico do Curso.

§ 2º – Os estágios obrigatórios são os definidos no Projeto Pedagógico do Curso como requisito para sua conclusão.

§ 3º – Estágios não obrigatórios são os realizados como atividade opcional, com o intuito de complementar a formação do aluno pela vivência de experiências próprias da atividade profissional.

Artigo 2º – Os estágios devem propiciar a complementação do ensino e da aprendizagem, constituindo-se em instrumentos de integração, em termos de treinamento prático, de aperfeiçoamento técnico-cultural, científico e de relacionamento humano.

> Parágrafo único – Os estágios devem ser planejados, realizados, acompanhados e avaliados em conformidade com os currículos, programas e calendários escolares, com as diretrizes expedidas pelo Conselho de Graduação ou pelo Conselho de Pós-Graduação, conforme o programa a que se vincule, e com as disposições desta Resolução.

Artigo 3º – A concessão de bolsa de estágio e auxílio-transporte é obrigatória no estágio não obrigatório e facultativa no estágio obrigatório.

Parágrafo único – Fica vedada a concessão de estágio remunerado em órgão da USP a estudante beneficiado por outro programa de bolsa.

Artigo 4º – O estagiário deverá ter cobertura contra acidentes pessoais, podendo, ainda, inscrever-se e contribuir como segurado facultativo do Regime Geral de Previdência Social.

§ 1º – Estarão cobertos pelo Fundo de Cobertura de Acidentes Pessoais da Universidade de São Paulo, durante todo o período do estágio:

I – os alunos da USP que estiverem estagiando em órgão da USP;

II – os alunos de outras Instituições de Ensino que estiverem estagiando em órgão da USP, quando a Instituição de Ensino interveniente não oferecer seguro contra acidentes pessoais; e

III – os alunos da USP que estiverem realizando estágio obrigatório em instituição externa, quando a parte concedente não oferecer seguro contra acidentes pessoais.

§ 2º – Os estagiários cobertos pelo Fundo de Cobertura de Acidentes Pessoais, quando remunerados, arcarão com o valor correspondente ao custo do seguro, que será descontado do primeiro pagamento da bolsa de estágio.

Artigo 5º – A jornada de atividade em estágio a ser cumprida pelo aluno deverá compatibilizar-se com o seu horário escolar e com o funcionamento do órgão ou entidade concedente do estágio, não podendo ultrapassar 6 horas diárias e 30 horas semanais.

Parágrafo único – Nos estágios relativos a cursos que alternam teoria e prática, e nos períodos em que não estejam previstas aulas presenciais, a jornada de atividade em estágio será estabelecida em comum acordo entre o estagiário e a parte concedente do estágio, observado o limite máximo de 40 (quarenta) horas semanais, sempre com a interveniência da instituição de ensino, desde que isso esteja previsto no Projeto Pedagógico do Curso.

Artigo 6º – A USP, na posição de concedente de estágio, observará os seguintes dispositivos:

I – idade mínima do aluno igual a 18 anos, quando envolver atividade noturna, insalubre ou perigosa, e 16 anos nos demais casos;

II – comprovação de matrícula e frequência regular em curso de graduação, pós-graduação, ou curso técnico ou profissionalizante de nível médio;
III – aprovação do plano de estágio pelos órgãos competentes da Unidade ou Instituição de Ensino em que o aluno estiver matriculado;
IV – celebração de Termo de Compromisso entre aluno e a USP, com a interveniência da Unidade ou Instituição de Ensino.
§ 1º – A Universidade poderá celebrar convênio com outras instituições de ensino para, na forma desta Resolução, conceder estágio a alunos regularmente matriculados em cursos de graduação, pós-graduação, ou curso técnico ou profissionalizante de nível médio.
§ 2º – Em se tratando de estágio oferecido pela USP na forma de disciplina de estágio, no ato da matrícula o aluno firmará termo de compromisso atestando ciência do respectivo programa, que consistirá no plano de estágio.
§ 3º – A supervisão das atividades de estágio será computada na carga horária dos docentes responsáveis, observado o limite fixado na regulamentação específica.

Artigo 7º – A realização de estágio por aluno da USP fora da Universidade observará os seguintes requisitos:
I – prévia celebração de convênio para a concessão de estágio entre a USP e a entidade concedente;
II – aprovação do plano individual de estágio pelos órgãos competentes da Unidade em que o aluno estiver matriculado;
III – formalização do termo de estágio entre aluno e concedente, com a intervenção da Unidade.

Artigo 8º – Ao final de cada semestre, o aluno encaminhará à Comissão de Graduação ou ao órgão competente relatório visado pelo supervisor do estágio, a fim de permitir o acompanhamento e avaliação das atividades desenvolvidas durante o estágio.

Parágrafo único – O relatório poderá ser substituído ou complementado por outras modalidades de avaliação, a critério da Comissão de Graduação ou órgão correspondente.

Artigo 9º – Os convênios para oferecimento de estágio serão aprovados pela Congregação, Conselho Técnico-Administrativo da Unidade ou órgão colegiado equivalente, ouvida a Comissão de Graduação.

Parágrafo único – A competência para aprovação dos convênios de estágios de graduação poderá ser delegada à Comissão de Graduação.

Artigo 10 – Os convênios, depois de aprovados, deverão ser submetidos à Comissão de Orçamento e Patrimônio, para análise de mérito, nos termos do art. 22, inciso V, do Estatuto.

Parágrafo único – A Comissão de Orçamento e Patrimônio poderá delegar a competência para analisar o mérito dos convênios de estágio de graduação à Comissão de Graduação das Unidades.

Artigo 11 – Dos instrumentos de convênio deverão constar:
I – a qualificação dos convenentes;
II – os cursos abrangidos;
III – os objetivos almejados;
IV – as obrigações da concedente e da Instituição de Ensino;
V – a indicação do convenente responsável pela cobertura do estagiário contra acidentes pessoais;
VI – a previsão de que o estágio não gera vínculo empregatício;
VII – a possibilidade de concessão de bolsa ao estagiário;
VIII – o prazo de vigência, que não poderá ultrapassar 5 anos, contadas as eventuais prorrogações; e
IX – a possibilidade de denúncia a qualquer tempo, observada a forma estabelecida no termo e assegurada a conclusão das atividades em andamento.
§ 1º – A minuta do termo de compromisso de estágio deverá integrar o convênio, como anexo.
§ 2º – Cabe à Comissão de Orçamento e Patrimônio aprovar minutas-padrão de convênio e de termo de compromisso de estágio.

Artigo 12 – Dos Termos de Compromisso em que a USP figure como concedente ou como interveniente deverão constar:
I – qualificação da concedente, do aluno e da Unidade ou Instituição de Ensino interveniente;
II – duração do estágio, não superior a um ano, e a possibilidade de prorrogação, limitada a duração total do estágio a 2 anos;
III – jornada de atividade em estágio, conforme artigo 5º;
IV – indicação do supervisor do estágio (na empresa e do curso);
V – cobertura contra acidentes pessoais;

VI – valor da bolsa de estágio, quando houver;
VII – direito de recesso de 30 dias nos estágios com duração igual a um ano e proporcional ao período de vigência do estágio, quando inferior a um ano;
VIII – previsão de que o estagiário não terá nenhum vínculo empregatício com a Universidade;
IX – previsão de que o estagiário poderá inscrever-se e contribuir como segurado facultativo do Regime Geral de Previdência Social;
X – a obrigatoriedade de apresentação pelo estudante de relatório semestral, a fim de permitir o acompanhamento e avaliação das atividades desenvolvidas durante o estágio.

§ 1º – O recesso deverá ser concedido durante a vigência do estágio, devendo ser remunerado quando houver pagamento de bolsa de estágio.

§ 2º – O plano de estágio, devidamente aprovado pelos órgãos competentes da Unidade ou Instituição de Ensino, acompanhará o termo de compromisso, como anexo.

Artigo 13 – As Unidades poderão celebrar convênios com agentes externos de integração para que alunos regulares de seus cursos tenham acesso às vagas de estágio não obrigatório cadastradas por aquelas instituições.

§ 1º – O convênio deverá ser aprovado pela Comissão de Graduação e pela Congregação da Unidade, vedada a possibilidade de aprovação *ad referendum*.

§ 2º – O instrumento de convênio, cujo prazo de vigência não poderá exceder a 2 anos, deverá ser elaborado conforme minuta-padrão aprovada pela Pró-Reitoria de Graduação e pela Comissão de Orçamento e Patrimônio.

§ 3º – Cabe à Unidade exercer as atividades de planejamento, supervisão e avaliação dos estágios intermediados pelo agente de integração.

§ 4º – Os agentes externos de integração, além da identificação e oferecimento de oportunidades de estágio aos alunos da Unidade, poderão exercer funções administrativas.

§ 5º – Ao final de cada ano, o agente externo de integração encaminhará à Unidade relatório informando os estágios intermediados e as suas condições, bem como os valores das bolsas pagas, do qual se dará ciência à Comissão de Orçamento e Patrimônio e à Pró-Reitoria de Graduação.

§ 6º – Anualmente, o agente externo de integração recolherá à Tesouraria Central da Universidade taxa de 2,5%, calculada sobre o total das bolsas pagas aos estagiários, não incidindo qualquer outro percentual adicional em favor de Unidade ou Departamento.

§ 7º – A Universidade não poderá repassar verba, efetuar pagamento ou, por qualquer outra forma, remunerar o agente externo de integração.

Artigo 14 – É admitida a participação de órgãos públicos de apoio à Administração para o fim de oferta de vagas de estágios em outros órgãos públicos, conservando a Universidade, nesse caso, as funções de planejamento, supervisão e avaliação do estágio.

Artigo 15 – As Unidades de ensino criarão bancos de dados de alunos da USP candidatos a estágios e de vagas disponíveis em instituições conveniadas com a USP. A Pró-Reitoria de Graduação agregará essas informações em um banco de dados geral da Universidade.

Artigo 16 – Os órgãos administrativos, no âmbito de suas competências e observadas as normas fixadas nesta Resolução, poderão padronizar procedimentos e formulários, além de fixar orientações para a correta instrução e encaminhamento do processo.

Artigo 17 – Esta Resolução entrará em vigor na data de sua publicação, revogadas as disposições em contrário, especialmente a Resolução nº 4.850/2001 (Proc. USP nº 2007.1.13845.1.0).

Reitoria da Universidade de São Paulo, 18 de março de 2009.

SUELY VILELA
Reitora

REFERÊNCIAS BIBLIOGRÁFICAS

ABIB, M. L. V. S. Avaliação e melhoria da aprendizagem em física. In: CARVALHO, A. M. P. et al. *Ensino de física*. São Paulo: Cengage, 2010. p. 141-158.

AMIDON, E.; FLANDERS, N. Interaction analysis as a feedback system. In: AMIDON, E.; HOUGH, J. B. (Eds.). *Interaction analysis:* theory research and application. Reading, MA: Addison-Wesley, 1967.

ABREU, R. G.; GOMES, M. M.; LOPES, A. C. Contextualização e tecnologias em livros didáticos de biologia e química. *Investigações em Ensino de Ciências,* v. 10, n. 3, p. 405-417, 2005.

AMERICAN ASSOCIATION FOR THE ADVANCEMENT OF SCIENCE (AAAS). *Project 2061*. Disponível em: <http://www.project2061.org/about/default.htm>. Acesso em: 1 dez. 2010.

AQUINO, J. G. *Indisciplina:* o contraponto das escolas democráticas. São Paulo: Moderna, 2003.

AQUINO, A. A.; OLIVEIRA, M. A. Estudo do meio: reflexões e experiências da prática escolar. *Revista Educação – Didática,* São Paulo, p. 76-90, 2011.

ARGUIS, R. *Tutoria:* com a palavra o aluno. Porto Alegre: Artmed, 2002.

AULER, D.; DELIZOICOV, D. Alfabetização científico-tecnológica para quê? *Ensaio – Pesquisa em Educação e Ciências,* v. 3, n. 2, p. 105-116, 2001.

BACHELARD, G. *La formacion de l'esprit scientifique*. Paris: Vrin, 1938.

BARRELO, N.; CARVALHO, A. M. P. Dualidade onda-partícula: argumentação no discurso oral e escrito de alunos do ensino médio. *Anais do XIX Simpósio Nacional de Ensino de Física SNEF,* Manaus, 2011.

BEJARANO, N. R. R.; CARVALHO, A. M. P. Tornando-se professor de ciências: crenças e conflitos. *Ciências e Educação,* Bauru, v. 9, n. 1, p. 1-15, 2003.

BEJARANO, N. R. R.; CARVALHO, A. M. P. Professor de ciências novato: suas crenças e conflitos. *Investigações em Ensino de Ciências (on-line)*, p. 1-22, 2004.

BITTENCOURT, C. M. F. *Ensino de história:* fundamentos e métodos. São Paulo: Cortez, 2004.

BLOOME, D.; PURO, P.; THEODOROU, E. Procedural display and classroom lessons. *Curriculum Inquiry*, n. 19, p. 265-291, 1989.

BRASIL, *Lei de Diretrizes e Bases da Educação Nacional*, Lei n. 9.394, de 20 de dezembro de 1996.

BRASIL, Ministério da Educação, *Orientações Curriculares para o Ensino Médio*. Ciências da Natureza, Matemática e suas Tecnologias. Brasília: MEC, SEB, 2006.

BRASIL, Ministério da Educação, Secretaria da Educação Média e Tecnológica, *Parâmetros Curriculares Nacionais:* ensino médio. Brasília: Ministério da Educação, 1999.

BRASIL, Ministério da Educação, Secretaria de Educação Média e Tecnológica, *PCN+ Ensino Médio:* orientações educacionais complementares aos Parâmetros Curriculares Nacionais. Ciências da Natureza, Matemática e suas Tecnologias. Brasília: MEC, SEMTEC, 2002.

BRICCIA, V.; CARVALHO, A. M. P. Visões sobre a natureza da ciência construídas a partir do uso de um texto histórico na escola média. *Revista Electrónica de Enseñanza de las Ciencias*, v. 10, n. 1, p. 1-2, 2011.

BRITO, J. Q. A.; SÁ, L. P. Estratégias promotoras da argumentação sobre questões sócio-científicas com alunos do ensino médio. *Revista Electrónica de Enseñanza de las Ciencias*, v. 9, n. 3, p. 505-523, 2010.

CANDELA, A. A construção discursiva de contextos argumentativos no ensino de ciências. In: COLL, C.; EDWARDS, D. (Orgs.). *Ensino, aprendizagem e discurso em sala de aula*. Porto Alegre: Artmed, 1998. p. 143-169.

CAPECCHI, M. C. V. M.; CARVALHO, A. M. P.; SILVA, D. Relações entre o discurso do professor e a argumentação dos alunos em uma aula de física. *Ensaio*, v. 2, n. 2, 2002. Disponível em: <http://www.fae.ufmg.br/ensaio/v2_2/mariacandida.PDF>. Acesso em: 27 ago. 2007.

CARMO, A. B. *A linguagem matemática em uma aula experimental de física*. São Paulo, 2006. Dissertação (Mestrado) – Instituto de Física e Faculdade de Educação, Universidade de São Paulo.

CARMO, A. B.; CARVALHO, A. M. P. Construindo a linguagem gráfica em uma aula experimental de física. *Ciências e Educação,* Unesp, v. 15, p. 61-84, 2009a.

CARMO, A. B.; CARVALHO, A. M. P. Construindo a linguagem matemática em uma aula de física. In: NASCIMENTO, S. S.; PLANTIN, C. *Argumentação e ensino de ciências.* Curitiba: CRV, 2009b. p. 93-117.

CARVALHO, A. M. P.; VIANNA, D. M. A quem cabe a licenciatura. *Ciência e Cultura,* SBPC, v. 39, n. 9, p. 143-163, 1988.

CARVALHO, A. M. P. Formação de professores: o discurso crítico-liberal em oposição ao agir dogmático repressivo. *Ciência e Cultura,* SBPC, v. 41, n. 5, p. 432-434, 1989.

CARVALHO, A. M. P.; GONÇALVES, M. E. R. Formação continuada de professores: o vídeo como tecnologia facilitadora da reflexão. *Cadernos de Pesquisa da Fundação Carlos Chagas,* São Paulo, v. 111, p. 71-88, 2000.

CARVALHO, A. M. P.; GIL-PEREZ, D. O saber e o saber fazer dos professores. In: CASTRO A. D.; CARVALHO, A. M. P. *Ensinar a ensinar:* didática para a escola fundamental e média. São Paulo: Pioneira Thomson Learning, 2001.

CARVALHO, A. M. P.; GIL-PEREZ, D. *Formação de professores de ciências:* tendências e inovações. São Paulo: Cortez, 2003.

CARVALHO, A. M. P. Habilidades de professores para promover a enculturação científica. *Contexto & Educação,* v. 22, p. 25-49, 2007.

CARVALHO, A. M. P. Communication skills for teaching. In: VICENTINI, M.; SASSI, E. (Orgs.). *Connecting research in physics education with teacher education.* International Commission on Physics Education, 2008. v. 2. p. 1-21.

CARVALHO, A. M. P. As condições de diálogo entre professores e formador para um ensino que promova a enculturação científica dos alunos. In: DALBEN, A. et al. *Convergências e tensões no campo da formação e do trabalho docente.* Belo Horizonte: Autêntica, 2010. p. 282-300.

CARVALHO, A. M. P.; SASSERON, L. H. Abordagens histórico-filosóficas em sala de aula: questões e propostas. In: CARVALHO, A. M. P. et al. *Ensino de física.* São Paulo: Cengage, 2010. p. 107-139.

CASTELLAR, S. M. V. *A representação cartográfica: o ensino de geografia para crianças de 1ª a 4ª série.* São Paulo, 1996. Tese (Doutoramento) – Departamento de Geografia, FFLCH, Universidade de São Paulo.

CECCHET, J. M. *Iniciação cognitiva do mapa*. Rio Claro, 1982. Dissertação (Mestrado) – Unesp.

COLL, C. As contribuições da psicologia para a educação: teoria genética e aprendizagem escolar. In: LEITE, L. B. (Org.). *Piaget e a Escola de Genebra*. São Paulo: Cortez, 1987. p. 164-197.

COLL, C. Los contenidos en la educación escolar. In: *Los contenidos en la reforma*. Madrid: Santillana, 1992.

CONGRESSO NACIONAL, *Lei de Diretrizes e Bases da Educação Nacional*, 1996.

CONSELHO NACIONAL DE EDUCAÇÃO, Câmara de Educação Básica. *Resolução n. 2*. 2001.

DAZA-PÉREZ, E.; MORENO-CÁRDENAS, J. A. El pensamiento del profesor de ciencias em ejercicio. Concepciones sobre la enseñanza y el aprendizaje de las ciencias naturales. *Revista Electrónica de Enseñanza de las Ciencias*, v. 9, n. 3, p. 549-568, 2010.

DEMO, P.; DE LA TAILLE, Y.; HOFMANN, J. *Grandes pensadores em educação:* o desafio da aprendizagem, da formação moral e da avaliação. Porto Alegre: Mediação, 2001.

DRIVER, R.; GUESNE, E.; TIBERGHIEN, A. *Children's ideas in science*. Milton Keynes, UK: Open University Press, 1985. Trad. cast. de P. Manzano. *Ideas científicas en la infancia y la adolescencia*. Madri: Morata/MEC, 1989.

FERREIRO, E.; TEBEROSKY, A. *Psicogênese da língua escrita*. Porto Alegre: Artes Médicas, 1985.

FLANDERS, N. *Analysing teaching behavior.* Reading, MA: Addison-Wesley, 1970.

FREIRE, P. *Educação como prática da liberdade*. 6. ed. Rio de Janeiro: Paz e Terra, 1976.

FREIRE, P. *Pedagogia do oprimido*. 6. ed. Rio de Janeiro: Paz e Terra, 1979.

GARRIDO, E.; CARVALHO, A. M. P. Reflexão sobre a prática e qualificação da formação inicial do docente. *Cadernos de Pesquisa*, n. 107, p. 149-168, 1999.

GUIMARÃES, G. M. A.; ECHEVERRÍA, A. R.; MORAES, I. J. Modelos didáticos no discurso de professores de ciências. *Investigações em Ensino de Ciências*, v. 11, n. 3, p. 303-322, 2006.

GOES, L. E. *O ensino-aprendizagem das noções de latitude e longitude no 1º grau*. Rio Claro, 1983. Dissertação (Mestrado) – Unesp.

HARRES, J. B. S. Uma revisão de pesquisas nas concepções de professores sobre a natureza da ciência e suas implicações para o ensino. *Investigações em Ensino de Ciências*, v. 4, n. 3, p. 197-211, 1999.

HEWSON, P. W. et al. Educating prospective teachers of biology: finding, limitation, and recommendations. *Science Education*, v. 83, n. 3, p. 373-384, 1999.

JIMÉNEZ-ALEIXANDRE, M. P.; REIGOSA CASTRO, C.; ÁLVAREZ-PÉREZ, V. Argumentación en el laboratorio de física. In: Encontro de Pesquisa em Ensino de Física, 6, 1998, Florianópolis. *Anais do Epef*. Florianópolis: Epef, 1998.

JIMÉNEZ-ALEIXANDRE, M. P.; BUGALLO RODRIGUEZ, A.; DUSCHL, R. A. 'Doing the lesson' or 'doing science': argument in high school genetics. *Science Education*, n. 84, p. 757-792, 2000.

KERN, R. *Literacy and language teaching*. Oxford: Oxford University, 2000.

LEDERMAN, N. G. Nature of science: past, present, and future. In: ABELL, S. K.; LEDERMAN, N. G. (Eds.). *Handbook of research on science education*. Mahwah, NJ: Lawrence Erlbaum Associates, 2007.

LEMKE, J. *Talking science:* language, learning, and values. Norwood, NJ: Ablex, 1990.

LIBÂNIO, J. C.; OLIVEIRA, J. F.; TOSCHI, M. S. *Educação escolar*: políticas, estrutura e organização. São Paulo: Cortez, 2003.

LONGUINI, M. D.; NARDI, R. Uma pesquisa sobre a prática reflexiva na formação inicial de professores de física. *Ensaio – Pesquisa em Educação em Ciências*, v. 4, n. 2, 2002.

LORENZETTI, L.; DELIZOICOV, D. Alfabetização científica no contexto das séries iniciais. *Ensaio – Pesquisa em Educação e Ciências*, v. 3, n. 1, p. 37-50, 2001.

MARANDINO, M. É possível estudar aprendizagem nos museus de ciências? In: NARDI, R. (Org.). *A pesquisa em ensino de ciências no Brasil:* alguns recortes. São Paulo: Escrituras, 2007.

MARANDINO, M. (Org.). *Educação em museus*. São Paulo: Faculdade de Educação – USP, 2008.

MEDLEY, D.; MITZEL, H. Measuring classroom behavior by systematic observation. In: GAGE, N. L. (Ed.). *Handbook of research on teaching*. Chicago: Rand McNally, 1963.

MOLINATTI, G. Concepciones y obstáculos del alumnado sobre el cereblo y la coordinación nervosa. *Alambique – Didáctica de las Ciências Experimentales,* n. 68, p. 30-41, 2011.

MOREIRA, S. M. A.; CARVALHO, A. M. P. Classificação dos incidentes críticos observados pelos estagiários em seus estágios. *Atas do VII Epef,* Sociedade Brasileira de Física, 2002, v. 1. p.1-10.

NASCIMENTO, S. S.; VIEIRA, R. D. Contribuições e limites do padrão de argumento de Toulmin aplicado em situações argumentativas de sala de aula de ciências. *Revista Brasileira de Pesquisa em Educação em Ciências,* Porto Alegre, v. 8, n. 2, 2008 [On-line].

NICIOLI JUNIOR, R. B.; MATTOS, C. R. A disciplina e o conteúdo de cinemática nos livros didáticos de física do Brasil (1801 a 1930). *Investigações em Ensino de Ciências,* v. 13, n. 3, p. 275-298, 2008.

OCDE – Organisation for Economic Co-operarion and Development. *PISA 2006 – Programa for International Student Assessment*: Science Competencies for Tomorrow's World. v. 1. Disponível em: < http://www.oecd.org/dataoecd/30/17/39703267.pdf>. Acesso em: 10 jan. 2011.

OLIVEIRA, E. Concepções dos professores de física sobre incidente crítico. *Atas do XVI SNEF,* Sociedade Brasileira de Física, 2005. p. 1-4.

OLIVEIRA, L. C. V. As contribuições do estágio supervisionado na formação do docente-gestor para a educação básica. *Ensaio – Pesquisa em Educação de Ciências,* v. 11, n. 2, p. 1-17, 2009.

OLIVEIRA, L. *Estudo metodológico e cognitivo do mapa.* Rio Claro, 1977. Tese (Livre-docência) – Unesp.

ORGANIZAÇÃO DAS NAÇÕES UNIDAS – UNESCO (Brasil – 2009). *Declaração da América Latina e Caribe no Décimo Aniversário da Conferência Mundial sobre Ciência.* Disponível em: <http://unesdoc.unesco.org/images/0018/001856/185600por.pdf>. Acesso em: 1 jan. 2011.

PAGANELLI, T. Y. Para a construção do espaço geográfico na criança. *Revista Terra Livre,* São Paulo, n. 2, p. 129-148, 1987.

PARO, V. *Administração escolar*: introdução e crítica. São Paulo: Cortez, 1984.

PEREIRA, M. M. *Inclusão escolar:* um desafio entre o ideal e o real. Disponível em <http://www.profala.com/arteducesp53.htm>. Acesso em: 27 maio 2011.

PUIG ROVIRA, J. M. et al. *Democracia e participação escolar:* propostas de atividade. São Paulo: Moderna, 2000.

PONTUSKA, N. N.; PAGANELLI, T. I.; CACETE, N. H. *Para ensinar e aprender geografia.* São Paulo: Cortez, 2007.

PUIG ROVIRA, J. M. ¿Cómo hacer escuelas democráticas? *Educação e Pesquisa*, Faculdade de Educação da USP, v. 26, n. 2, p. 55-69, 2001.

RAMOS, E. S.; VIANNA, D. M.; PINTO, S. P. Ciência, tecnologia, meio ambiente e o ensino de física: uma experiência em sala de aula. *Ciência em Tela*, v. 2, n. 2, 2009.

RICARDO, E. C. Problematização e contextualização no ensino de física. In: CARVALHO, A. M. P. et al. *Ensino de física.* São Paulo: Cengage, 2010.

ROSA, R. T. D.; VEIT, M. H. D. Estágio docente: análise de interações sociais em sala de aula. *Educação e Realidade,* Porto Alegre, v. 36, n. 1, p. 295-316, 2011.

ROSENSHINE, B. *Teaching behaviours and student achievement.* London: National Foundation for Educational Research, 1971.

ROSENSHINE, B.; FURST, N. The use of direct observation to study teaching. In: TRAVERS, R. (Ed.). *Second handbook of research on teaching.* Chicago: Rand McNally, 1973.

ROTH, W.-M. Competent workplace mathematics: how signs become transparent in use. *International Journal of Computers for Mathematical Learning*, v. 8, n. 3, p. 161-189, 2003.

SASSERON, L. H. A alfabetização científica e documentos oficiais brasileiros: um diálogo na estruturação do ensino de física. In: CARVALHO, A. M. P. et al. *Ensino de física.* São Paulo: Cengage, 2010.

SASSERON, L. H.; CARVALHO, A. M. P. O ensino de ciências para a alfabetização científica: analisando o processo por meio das argumentações em sala de aula. In: NASCIMENTO, S. S.; PLANTIN, C. *Argumentação e ensino de ciências*. Curitiba: CRV, 2009. p. 93-117.

SASSERON, L. H.; CARVALHO, A. M. P. Construindo argumentação na sala de aula: a presença do ciclo argumentativo, os indicadores de alfabetização científica e o padrão de Toulmin. *Ciência e Educação*, v. 17, n. 1, p. 97-114, 2011.

SCHEID, N. M. J.; FERRARI, N.; DELIZOICOV, D. Concepções sobre a natureza da ciência num curso de ciências biológicas: imagens que dificultam a educação científica. *Investigações em Ensino de Ciências*, v. 12, n. 2, p. 157-181, 2007.

SCHÖN, D. Formar professores como profissionais reflexivos. In: NÓVOA, A. *Os professores e sua formação*. Lisboa: Dom Quixote, 1992. p. 77-91.

SILVA, E. L.; MARCONDES, M. E. R. Visões de contextualização de professores de química na elaboração de seus próprios materiais didáticos. *Ensaio – Pesquisa em Educação em Ciências*, v. 12, n. 1, 2010.

SILVA, L. H. A.; SCHNETZLER, R. P. Buscando o caminho do meio: a "sala dos espelhos" na criação de alianças entre professores e formadores de professores de ciências. *Revista Ciências & Educação*, v. 6, n. 1, p. 43-53, 2000.

SIMIELLI, M. E. R. *Cartografia e ensino:* proposta e contraponto de uma obra didática. São Paulo, 1996. Tese (Livre-docência) – Departamento de Geografia, FFLCH, Universidade de São Paulo.

SIMON, A.; BOYER, G. *Mirrors for behavior:* an analogy of classroom observation instruments. Philadelphia: AERA, 1967.

TABACHNIK, B. R.; ZEICHNER, K. M. Idea and action: action research and the development of conceptual change teaching science. *Science Education*, v. 83, n. 3, p. 309-322, 1999.

TOULMIN, S. E. *Os usos do argumento*. 2. ed. São Paulo: Martins Fontes, 1958/2006.

TRINDADE, M.; REZENDE, F. Novas perspectivas para a abordagem sociocultural na educação em ciências: os aportes de John Dewey e Ludwig Wittgenstein. *Revista Electrónica de Enseñanza de las Ciencias*, v. 9, n. 3, p. 487-504, 2010.

UBINSKI, J. A. S.; MACHADO, D. I. *Concepções de aluno sobre a cor aparente do sol*. Apresentação de trabalho no XIII Encontro de Pesquisa em Ensino de Física, Foz do Iguaçu, 2011.

VEIGA, I. P. A. Projeto político-pedagógico: novas trilhas para a escola. In: VEIGA, I. P. A.; FONSECA, M. (Orgs.). *Dimensões do projeto político-pedagógico*: novos desafios para a escola. Campinas: Papirus, 2001.

VIANNA, D. M. (Org.). *Novas perspectivas para o ensino de física:* proposta para uma formação cidadã centrada no enfoque ciência, tecnologia e sociedade – CTS. Rio de Janeiro: Gráfica UFRJ, 2008.

VILLANI, C. E. P.; NASCIMENTO, S. A argumentação e o ensino de ciências: uma atividade experimental no laboratório didático de física do ensino médio. *Investigações em Ensino de Ciências*, Porto Alegre, v. 8, n. 3, 2003. Disponível em: <http://www.if.ufrgs.br/public/ensino/vol8/n3/v8_n3_a1.html>. Acesso em: 5 set. 2008.

VIGOTSKY, L. S. Aprendizagem e desenvolvimento intelectual na idade escolar. In: LURIA et al. *Psicologia e pedagogia*. Lisboa: Estampa, 1977.

VIGOTSKY, L. S. *A formação social da mente*. São Paulo: Martins Fontes, 1984.

ZEICHNER, K. *A formação reflexiva dos professores:* ideias e práticas. Lisboa: Educa, 1993.

GRANDY, R.; DUSCHL, R. A. Reconsidering the Character and Role of Inquiry in School Science: Analysis of a Conference. *Science & Education*, 16, 141-166, 2007.

KOYRÉ, A. *Estudos de História do Pensamento Científico*. Rio de Janeiro: Forense Universitária, 1982.

NASCIMENTO V. B.; CARVALHO A. M. P. Visões sobre a natureza da ciência construída a partir do uso de um texto histórico na escola média. *Revista Eletrónica de Enseñanza de las Ciências,* v. 10, p. 1-22, 2011.